FERNANDO CÉSAR GREGÓRIO

APLICANDO A ARTE DA GUERRA NO DIA A DIA

MADRAS

FERNANDO CÉSAR GREGORIO

APLICANDO A
ARTE DA
GUERRA
NO DIA A DIA

MADRAS

© 2013, Madras Editora Ltda.

Editor:
Wagner Veneziani Costa

Produção e Capa:
Equipe Técnica Madras

Revisão:
Jerônimo Feitosa
Arlete Genari

Dados Internacionais de Catalogação na Publicação (CIP)
(Câmara Brasileira do Livro, SP, Brasil)

Gregório, Fernando César
Aplicando a arte da guerra no dia a dia/
Fernando César Gregorio. –1. ed. – São Paulo:
Madras, 2013.

ISBN 978-85-370-0867-6

1. Crescimento pessoal 2. Desenvolvimento humano
3. Espiritualidade 4. Liderança 5. Sabedoria
6. Sucesso em negócios 7. Valores
8. Virtudes I. Título.

13-06895   CDD-158.1

Índices para catálogo sistemático:
1. Desenvolvimento humano: Psicologia aplicada 158.1

É proibida a reprodução total ou parcial desta obra, de qualquer forma ou por qualquer meio eletrônico, mecânico, inclusive por meio de processos xerográficos, incluindo ainda o uso da internet, sem a permissão expressa da Madras Editora, na pessoa de seu editor (Lei nº 9.610, de 19.2.98).

Todos os direitos desta edição reservados pela

MADRAS EDITORA LTDA.
Rua Paulo Gonçalves, 88 – Santana
CEP: 02403-020 – São Paulo/SP
Caixa Postal: 12183 – CEP: 02013-970
Tel.: (11) 2281-5555 – Fax: (11) 2959-3090
www.madras.com.br

*Ao meu filho
João Paulo Gregorio.*

Índice

A Vida é uma Guerra 9
Um Pouquinho de História 13
Você Já é um Guerreiro 17
As Primeiras Lições dos Mestres 21
Justiça e Guerra 25
Avaliação 29
Definindo Objetivo 39
Planejando 43
Seja Rápido e Eficaz 49
A Guerra é a Arte do Engano 53
Lutar ou Não Lutar? 59
Eu e o Meu Itinerário 65
Conduzindo à Guerra 69
Amigos e Inimigos 73
Delineando o Ataque 77
A Propaganda Negra 81
Confronto Direto 85
Moral da Tropa 89
Posições Estratégicas 93
Comparação de Vitória 97
Espionagem 103
Guerra Assimétrica 109
O Campo de Batalha 113
O Momento de Agir 121

A Vida é uma Guerra

> "O universo é uma harmonia
> dos contrários."
>
> Pitágoras (571 a.C.)

É um sonho humano que o mundo fosse um lugar de paz, de delícias, um verdadeiro paraíso, um campo verde em flores, onde todos vivessem em harmonia, onde não existisse ambição, onde não houvesse disputas, nem traições, nem jogos de interesses, nem miséria.

Mas não estamos aqui para falar de ficção, e talvez tenhamos na vida somente uns escassos momentos de paz com a família e com poucos amigos verdadeiros. O Nobel de Literatura, o escritor alemão Hermann Hesse, dizia que a paz é algo que não conhecemos, que apenas buscamos e imaginamos, que a paz é simplesmente um ideal.

Não é questão de ser pessimista ou niilista. Olhando os fatos de frente e sem ingenuidade, enquanto o mundo aí fora não for o que gostaríamos que ele fosse, a realidade é essa constante batalha que se trava entre os homens, que experimentamos no nosso dia a dia, quer isso nos agrade ou não. O que existe concretamente é um mundo de combates infindáveis, de ambição, violência, disputas, recursos escassos, sem compaixão, onde é cada um por si e nem todos serão vitoriosos. Em nossas conversas, em nossas reflexões, todos nós concordamos que o nosso dia a dia é uma verdadeira guerra, uma batalha atrás da outra. Como muitos dizem, saímos de nossos lares de manhã e temos que "matar um leão por dia".

Pois bem, então leia este pequeno livro como uma declaração de guerra àquilo que é contra a sua realização e não se esqueça nunca de que não há vitória a não ser aquela que nós mesmos construímos.

Hesse ainda vaticinou que, certamente, têm razão aqueles que definem a guerra como estado primitivo e natural da humanidade. Enquanto o homem for um animal, viverá por meio da luta e à custa dos outros, temerá e odiará o próximo. A existência, portanto, é luta, com pequenos e efêmeros interlúdios de paz.

A não ser que você queira se iludir, não há escapatória. A vida é uma guerra e guerra é batalha, peleja, luta de interesses, disputas por objetivos, conflito entre opostos, eliminação do concorrente mais fraco. Às vezes isto pode desgostar, mas essa realidade crua deve ser enfrentada.

Nas palavras austeras do general prussiano Carl von Clausewitz (1780), autor da obra *Da Guerra*, a guerra é, pois, um ato de violência destinado a forçar o adversário a submeter-se à nossa vontade.

Sobre o conflito que marca nosso universo, o filósofo grego Heráclito de Éfeso, que viveu há 2.500 anos, também pregava que a guerra é a mãe de todas as coisas.

O antiquíssimo livro místico chamado *Caibalion* traz o Princípio da Polaridade e fala-nos que tudo no universo é duplo, que todas as coisas têm dois polos e, portanto, tudo o que existe tem seu oposto.

E ainda outro livro sagrado que também trata dos opostos é o *Rig Veda*, o mais antigo dos *Livros do Saber dos Vedas*, que se presume ter sido escrito há mais de 5 mil anos. É composto de textos sagrados – receitas mágicas, hinos, encantações, formas sacrificiais – que constituem o fundamento da tradição religiosa do Bramanismo, do Hinduísmo e da filosofia da Índia, e também trazia já implícita essa verdade da dualidade das coisas cujo texto do "começo dos começos" dizia:

> *Não havia, então, nem o ser nem o não ser...*
> *Não havia sinal de dia nem de noite...*
> *Dividiu-se em duas partes.*

Dessa forma, segundo essas antiquíssimas lições, todas as coisas que conhecemos no universo geram-se por meio de contrastes e somente a contenda entre os contrários que concorda consigo mesma é harmonia.

A vida é um eterno duelo entre opostos.

Vemos essas verdades dialéticas tanto na física, na matemática, na biologia, bem como na sociologia, enfim, nas ciências modernas e em tudo o que existe à nossa volta.

Positivo-negativo, macho-fêmea, mais-menos, bem-mal, dia-noite, paz-guerra, leve-pesado, vida-morte, vencido-vencedor, Deus-Diabo, matéria-energia, corpo-alma, satisfação-frustação, feliz-infeliz, capital-trabalho, claro-escuro... amigo-inimigo. Enfim, poderíamos ficar aqui nos alongando ao infinito. Assim, estudar a guerra, de certa forma, é estudar o universo que nos cerca e a nós mesmos.

O que nos interessa tirar dessas antigas lições é que nossa vida também é feita de opostos e, portanto, uma constante contenda entre antagônicos. Aí o conceito de que nossa história é uma verdadeira luta, uma competição incansável pela sobrevivência.

Bem, o homem, como qualquer outro ser vivente, viverá, constantemente, por meio da luta e à custa dos outros. Não se iluda!

O Mestre Sun Tzu ensinou que a guerra é o campo onde a vida e a morte são determinadas, é a estrada que conduz à sobrevivência ou à aniquilação e deve ser examinada com muito cuidado.

Um Pouquinho de História

"A guerra, assim como a madrasta dos covardes, é mãe dos corajosos."

Miguel de Cervantes

Sun Tzu foi um general, guerreiro e estrategista que viveu há 2.500 anos na China. Acumulou inúmeras vitórias nas batalhas que comandou e disse que a guerra tem importância fundamental para qualquer país. É o reino da vida e da morte, dela depende a conservação ou a ruína do império. Deve ser examinada com cuidado e nunca negligenciada.

Segundo os historiadores, foi o autor da influente obra *A Arte da Guerra*,* que é um basilar e

---

*N.E.: Obra publicada no Brasil pela Madras Editora.

célebre tratado de estratégias militares, onde traça uma visão geral dos eventos e das táticas que devem ser utilizadas nas batalhas e cujos sábios conceitos serviram de base a este trabalho.

Conforme os estudiosos, essa obra foi um dos livros de estratégia mais lidos na história e teria sido utilizado por muitos guerreiros e generais, como Gengis Khan, Napoleão, Mao Tse Tung e tantos outros. E ainda hoje é utilizado como fonte de estudos pelos estrategistas, como um clássico inigualável de tática no conflito.

A estratégia é a arte militar de planejar e executar ações e operações de tropas e armamentos para alcançar ou manter posições, em que se busca definir onde, quando e com quem travar uma batalha com vista a conseguir um objetivo delineado.

Ensinamentos como "o líder planeja no início, antes de começar a agir", e "o líder avalia os problemas e os previne" e tantos outros ministrados por Sun Tzu, se aplicam do mesmo modo a qualquer projeto da vida humana e não somente às batalhas militares.

Ora, aqui cabe uma questão fundamental: se a vida é uma verdadeira e real guerra, um constante combate entre opostos, por que não aplicar os sábios preceitos sobre estratégia de guerra militar em nosso cotidiano para atingir os nossos objetivos?

Avaliação de problemas, prevenção, definição de objetivos, coragem, disciplina, planejamento, manobras, dissimulação, sucesso e derrotas são termos comuns tanto às guerras militares como à vida.

A vida como a guerra não são necessariamente eventos extraordinários e produtos do infortúnio e da sorte, mas podem ser encarados como passíveis de serem abordados de forma consciente, metódica, planejada e racional. Era dessa forma praticamente científica que Sun Tzu encarava os conflitos, já no seu tempo.

Assim sendo, a presente obra vai buscar em *A Arte da Guerra* a essência das reflexões da estratégia militar para discuti-las no cotidiano, nas batalhas da vida que enfrentamos todos os dias ao acordar. Sem fugir da realidade da existência, somos o general e o guerreiro de nossa luta pela sobrevivência; somos o estrategista e o combatente na busca da própria realização como ser humano.

E quando se fala em poder, não podemos nos esquecer também das aulas de Nicolau Maquiavel, o historiador, poeta, diplomata e músico italiano do Renascimento, reconhecido como fundador do pensamento e da ciência política moderna e autor das obras *O Príncipe** e *A Arte da Guerra*, constructos vivos até os dias atuais.

Esses conhecimentos nos induzem a pensar a nossa vida como possibilidade de uma construção minimamente racional e planejada por nós assim

---

*N.E.: Obra também publicada pela Madras Editora.

como nos chamam a atenção para a necessidade de traçar objetivos pessoais e agir com estratégia, disciplina e organização.

Parafraseando o filósofo grego Heráclito (535 a.C.), dizemos que a disputa é a pura realidade da vida, onde alguns se transformam em deuses, outros em homens; e a vida fará de alguns um mero escravo, e de outros, homens livres.

Você Já é um Guerreiro

> "Apenas é digno da vida aquele que todos os dias parte para ela em combate."
>
> Johann Goethe (1749)

Sim, aceitamos que viver é uma verdadeira guerra, e conseguir sobreviver é sinônimo de estar em constante "peleja" pela existência. Sob certo aspecto, uma sociedade nada mais é do que um conjunto de pessoas em constante luta pela vida, tentando maximizar a satisfação de seus desejos. Yussof Murad (1902) ditou que o material da vida não é a estabilidade e a harmonia, mas a luta permanente entre os contrários.

Mas consciente ou não, meu caro leitor, você já foi um guerreiro até aqui, e um guerreiro sobrevivente.

Pode lhe parecer bizarro, mas no campo biológico, desde o início da sua existência, você foi um espermatozoide que enfrentou incríveis obstáculos e dificuldades e conseguiu vencer milhões de adversários, numa batalha de vida ou morte dentro do útero feminino, cujas chances de você vencer eram mínimas. Mas você venceu! Depois enfrentou com bravura todo o complicado processo de vida que vai da fertilização até o nascimento, inclusive o sofrido processo de parto. Mais ainda, desde a tenra idade conseguiu ultrapassar todos os obstáculos que a vida apresenta e hoje está aqui: lendo este livro. Só por esta razão você já é um guerreiro vencedor, pois conseguiu sobreviver.

Ora, mas o mundo continua a nos impor desafios e sonhos a cada instante de nossa vivência. Provocações, antagonismos, embates, disputas e lutas, seja para defender ou alcançar os nossos interesses, seja para defender ou alcançar os interesses e a felicidade daqueles que dependem de nós. Há um desafio a cada momento do nosso labor de todos os dias. Lutamos por nossa sobrevivência, pelos bens materiais, para passar numa faculdade, por dinheiro, por honra, por segurança, pela nossa família, por nossa empresa, por nosso emprego. Luta-se silenciosamente por posição social, por glória, pelos direitos e pela própria proeminência sobre os outros. E mais, os homens entram em embates movidos pela inveja, pelo egoísmo, pelo ódio, pela ira e pela maldade, acumulados como um veneno em sua alma animal.

Num mundo de escassez de bens, todos nós almejamos a nossa própria vitória e mantemo-nos na busca da satisfação de nossos desejos. Não se iluda e não deixe que ninguém o iluda do contrário.

Nosso objetivo fundamental, a finalidade de nossa existência é ser feliz, dizia Aristóteles (384 a.C.), mas a felicidade não vem de mão beijada... precisa ser conquistada.

E para se alcançar a sobrevivência e a felicidade há um inflexível e silencioso duelo entre as pessoas, as famílias, as empresas, as cidades e as nações.

Para se obter a realização e o contentamento, os atos humanos subjacentes são guiados pela perpétua luta por poder, bens materiais, lucro, segurança e projeção, o que gera uma luta de todos contra todos, resultando em vidas solitárias, algumas vezes sórdidas, egoístas, embrutecidas e, na maioria das vezes, curtas. Dizia o matemático, teórico político e filósofo inglês Thomas Hobbes (1588), que nós, homens, queremos ter nosso poder reconhecido pelos demais e que os outros honrem este nosso poder como o maior de todos. São os verdadeiros e ocultos desejos embutidos na alma humana.

E podemos perguntar: nessas batalhas cotidianas, quem conquistará, quem vencerá mais? A resposta é clara: Esqueça a compaixão, vencerá o que for mais apto, o que estiver melhor preparado para o embate.

Ressurge então a questão básica: Ora! Se a vida é uma verdadeira guerra que é vencida pelos mais organizados, pelos mais aptos, por que não utilizarmos as táticas de guerra nessas batalhas diárias da nossa existência? Sim, por que não lançamos mão dos conceitos desenvolvidos pelos grandes pensadores e os utilizamos para nos tornar mais aptos e melhor preparados para as disputas do dia a dia, e com isso conquistarmos a nossa realização, ou a realização de nossa família, de nossos filhos, de nossa empresa, de nosso ideal? Por que não?

As Primeiras Lições dos Mestres

> "O objetivo da Guerra é a Paz."
>
> Aristóteles (384 a.C.)

E quando analisamos os milenares ensinamentos, deparamo-nos com aquelas surpreendentes lições trazidas pelos antigos mestres e estrategistas que se aplicam inteiramente à nossa vida. Nesse sentido é fundamental observar que, em sua milenar doutrina de *A Arte da Guerra*, Sun Tzu prega numa das primeiras e maravilhosas aulas de vida, que não é a força física, mas a superioridade mental o fator primordial de vitória nas batalhas. Essa é uma verdade muito atual e nos ensina que devemos, prioritariamente, investir em nossa formação intelectual, em nosso conhecimento, em nossa educação, no amadurecimento psicológico, na ampliação de nossa consciência, se quisermos fazer parte do grupo de vitoriosos. Observe a sociedade à sua volta e veja que aqueles que alcançaram os postos superiores são, regra geral, os que melhor se prepararam intelectualmente. O trabalho mental sempre foi mais valorizado que o braçal, não é? Nas batalhas, é a inteligência e a esperteza que trazem a vitória.

Nicolau Maquiavel aceitava a influência da sorte no destino, mas dava igual importância à habilidade humana.

O mesmo pensamento deve ser cultivado por um administrador. O conhecimento armazenado, a tecnologia, o bom preparo de seus profissionais e a constante evolução de práticas devem ser objetivos constantemente buscados por empreendedores que almejam o sucesso frente aos seus concorrentes. E quem não almeja o sucesso?

E ainda nos lembram os sábios estrategistas que no campo de batalha não há muito lugar para corações meigos, pois um julgamento piedoso pode ser um gravíssimo erro e o causador de uma derrota imperdoável. Por mais que nos choque, a piedade opõe-se completamente à lei da evolução, à lei fria da seleção natural. Não devemos jamais ter o receio de cultivar um viver ativo, guerreiro, audacioso, procurando atingir nossa parte de poder, de segurança, nossa beleza interna, nossa realização existencial, nossa felicidade. Conquistar um espaço sob o sol é um direito nosso. Quando em guerra, que sistema ético ou religioso teria legitimidade para exigir de nós passividade e omissão diante da agressão e da opressão por parte de nossos inimigos, muitas vezes dissimuladas contra nossas vidas, nosso patrimônio, ou a saúde de nossos filhos?

Por outro lado, no mundo atual, também não há mais lugar para o "Maria vai com as outras", para aquele que se deixa levar pela opinião alheia sem que tenha refletido, profundamente, sobre ela. Devemos prestar muita atenção e ter cuidado com aqueles que nos querem como uma mera ovelha no rebanho. Defender nossa liberdade é fundamental, pois todo aquele que tem sede de poder almeja que sejamos humildes e mansos como um carneiro, sem nenhuma capacidade de crítica. Desejam que tenhamos um caráter apático, que jamais pensemos por nós próprios, que sejamos explorados e conformados, subservientes, resignados com aquilo que nos foi designado e que ajamos como bons e fiéis servos. Querem-nos idiotas úteis.

Eles o ambicionam como um escravo, uma vaca de presépio, com um moral fraco. Almejam anular sua vontade de lutar para que você cumpra como um robozinho humanoide suas ordens de produção e consumo, de trabalho, de opinião, de estilo de vida, de preferências. É elementar que cobiçam que você siga de cabeça baixa no rebanho, no grande e demasiado rebanho humano, para melhor explorá-lo e lucrar o máximo possível com você.

Por isso é de capital importância que você seja prudente, sem dúvida, mas acima de tudo que levante a cabeça e tenha um espírito livre, soberano, racional e batalhador. Para isso não é preciso perder a ternura, como foi o exemplo deixado por Mahatma Gandhi.

Não permita que outros ajam como seus senhores, que o dirijam como a uma criança, mas tenha a coragem guerreira de servir-se de si mesmo sem a direção de outrem. *Sapereaude*! Como já ministrou o filósofo Voltaire (1694): tem coragem de fazer uso de teu próprio entendimento, meu caro leitor. Além de guerreiro, faça-se um general de si mesmo.

Ser humano é ser livre. E, mesmo livre e autônomo, ninguém nasce um guerreiro pronto ou uma pessoa feliz e acabada, mas se constrói como lutador a cada instante de sua existência. É isso que dá sentido à vida, que dá capacidade e satisfação de viver e gozar a vida plenamente. E se ainda não o fez, é hora de começar a fazê-lo, a partir deste exato momento.

Já os pequenos de alma e sem coragem podem fechar este livro exatamente agora!

Justiça e Guerra

> "A paz é a continuação da guerra, mas por meios diferentes."
>
> Clausewitz (1780)

"Dizem que Giges era um pastor que servia ao então rei da Lídia..." Assim o filósofo Platão (428 a.C.) começa o relato mítico que narra a saga de um humilde e até então honesto camponês que, após encontrar um anel mágico que lhe dava o poder da invisibilidade, começa a cometer toda sorte de crimes e injustiças. Seduziu a rainha, atacou e matou o rei com ajuda dela e se apoderou do reino. Giges havia percebido que o anel lhe garantia um poder ilimitado e que as convenções morais já não precisavam ser respeitadas. E aqui é que está o problema.

A opinião comum entre os homens, segundo Platão, é a de que se existissem dois anéis como o de

Giges, e se um fosse dado a um homem reconhecidamente justo e o outro a um homem injusto, ambos acabariam tomando o mesmo caminho – o da corrupção. O poder corrompe. Os homens quebram valores, traem a própria palavra pelo simples vislumbre do poder e não por uma possível maldade inata. A oportunidade faz o ladrão, diz a máxima popular, e se você quer conhecer o verdadeiro caráter de um homem, dê-lhe o poder.

Isso nos ensina a tomarmos cuidados com os adversários que se dizem justos e virtuosos, mas têm na mão algum poder contra nós, principalmente aqueles astutos que batem no peito como os fariseus bíblicos. Nos embates da vida a primeira vítima é sempre a moral, e a injustiça é o preço pago pelos fracos e ingênuos. Na disputa não espere compaixão.

Quando se está na batalha é preciso ter consciência de não confiar no rival e estar preparado para tudo, contar com a necessidade de mudar o modo de agir e estar alerta para, quando for preciso, modificar os próprios planos no transcorrer do combate, em virtude das atitudes do adversário. Aquele que não tiver essa humildade e a capacidade de adaptação, não deve ser colocado em uma posição de comando. Aqui não há lugar para os soberbos, os turrões e os teimosos, pois o custo é a derrota.

Por isso o homem de bem deve sempre buscar seus objetivos e reconhecer seus inimigos cautelosamente, lutando por seus ideais de forma atenta, por seus fins de modo atencioso. Mesmo em tempo de paz deve preparar-se para a guerra e nunca optar pela rendição frente às dificuldades. Não se deve desejar a paz indolente, mas a vitória. O firme esforço em evoluir só valoriza a vitória.

É fácil concordar que o homem nobre é aquele que está, invariavelmente, engajado nas pelejas da vida, é ativo, produtivo, batalhador, trabalhador, não conhece a preguiça maléfica e, constantemente, está almejando maiores objetivos. Sempre positivista, não teme enfrentar face a face a vida e suas provocações.

O homem digno cultua uma saúde física, uma mentalidade ativa e aguda, uma vontade transbordante; opta por enfrentar os desafios, a aventura, as disputas, as atividades livres e contentes. Sua força não vem da capacidade física, mas de sua vontade férrea. Quando há o fracasso, sabe se levantar e continuar em frente.

Mas estejamos atentos, pois a antiga lição nos ensina que o homem vitorioso não se permite uma confiança cega, que nada mais é que um tipo de arrogância, mas se dedica à autocapacitação permanente para os embates futuros. São homens enrijecidos pelo trabalho e pelo estudo, aguerridos e por isso destinados a vencer. Sempre encontram um meio de realizar os próprios sonhos.

Já a disputa é um péssimo negócio para o fraco, para aquele que implora, que vive à custa de outros, para o improdutivo. O fraco é odioso, sinistro, venenoso, ínvido, carente de força de vontade na vida, derrotista e relaxado. Foge da luta assim como foge da existência. Inveja constantemente as conquistas dos homens dignos e produtivos, é apático, pacífico, mas traiçoeiro, irresponsável para consigo mesmo, almas que não conhecem nem a vitória, nem a derrota. O indolente está sempre dando desculpas para o seu fracasso, culpando o azar do destino e os outros por suas desgraças, enquanto se nega aceitar que é o próprio homem quem escolhe seu destino. Essas pessoas devem ser afastadas de nosso convívio.

A felicidade é uma consequência de nossa escolha entre ser um homem nobre e de ação ou um frouxo e ressentido na vida. Basta olhar o mundo lá fora ou dar um passeio pela história para constatar quantos exemplos de homes dignos e livres que, mesmo vindos de origens humildes, lutaram a boa batalha da vida e realizaram grandes feitos para a humanidade, arrecadaram grandes fortunas, operaram grandes obras, empenharam-se em nobres objetivos, construíram admiráveis carreiras, enfim, edificaram algo e deram sentido à própria existência terrena. E se a vida é uma constante guerra, simplesmente foram guerreiros, pois sabiam que a vida é muito curta para ser pequena.

Avaliação

"Àquele a quem falta a capacidade de prever, subestimando seu inimigo, será por ele capturado."

Sun Tzu (544 a C.)

    Muito bem, concordamos que a guerra é a mãe de todas as coisas, um eterno choque entre forças contrárias. Agrade-nos ou não, devemos ter maturidade para saber que a vida é uma constante luta, uma disputa incessante e cotidiana por espaço, por alimento, por bens, por posições e até por amor. Viver é "pelejar". Por essa razão, saber que a arte de viver é o mesmo que a arte da guerra é assunto vital, é questão de vida ou morte, de sucesso ou insucesso na vida, parafraseando o mestre chinês. Deixe o romantismo para as horas de lazer.

Como vimos, esta obra procura trazer à luz de nossa consciência a importância de conhecermos as técnicas militares de planejar e executar ações, ensinadas por Sun Tzu e outros mestres, para o enfrentamento de competições e fazer com que reflitamos sobre o grande valor de aplicar esses conhecimentos em nossas lidas de cada dia.

Nesse sentido, Maquiavel diria que usar da fria razão é o fundamento de toda ação daquele que precisa sobreviver. Assim, toda obra que empreendemos deve ser antes meticulosamente estudada, planejada e prevista. Seja para um pequeno ato de atravessar a rua, seja para um acontecimento que pode mudar o rumo de nossa história, deve a paixão ser contida, o ímpeto ser domado, ser exercida a serenidade e o frio cálculo.

E talvez aqui haja uma grande lacuna na educação de algumas pessoas, por não as induzir a tomar a própria vida como o projeto supremo e por isso deveria ser planejada com o maior cuidado, com muito amor e toda atenção.

Poderíamos perguntar: Como fazer isso? Não é uma proposta complicada para entendermos. Vejamos. Segundo se pode inferir das antigas lições e também adotado pelos mais avançados métodos de planejamentos de nossos dias, sintetizado no simples esquema a seguir, devemos começar por ter claro o alvo que queremos atingir, depois realizar um adequado plano e, finalmente, partir para a ação.

Definição do Objetivo → Planejamento → Ação

O mestre Confúcio, que viveu há 2.500 anos, já ensinava que em todas as coisas o sucesso depende de uma preparação prévia e sem tal preparação a ruína é certa. Será que aplicamos isso cotidianamente à nossa própria existência?

Conheci a senhora Elba, uma empresária bem-sucedida profissionalmente. Ela tinha o costume de ficar por horas dentro de sua sala sem ser interrompida, refletindo e analisando a situação de sua empresa e buscando quais seriam os objetivos necessários a serem alcançados para que seus empreendimentos sempre estivessem em evolução. Somente depois dessa prática é que reunia seu *staff* para ajudar a debater e definir minuciosamente as etapas a serem cumpridas, discutir a definição dos objetivos, traçar um plano detalhado e definir quais os combates a serem enfrentados, inclusive prevendo as dificuldades na execução.

Racionalmente falando, qualquer coisa que vamos realizar deverá passar por estas três fases: a definição clara do que queremos (OBJETIVO), a partir disso elaboramos uma detalhada tática de como alcançá-lo (PLANEJAMENTO) e, só depois, partimos para a batalha com bastante força de vontade (AÇÃO).

Jhonis, um estudante secundarista, decidiu que seu objetivo era cursar uma faculdade de medicina. Definido o objetivo, traçou um detalhado programa para o próximo ano, no qual descrevia as matérias às quais deveria se dedicar com mais afinco para passar no exame de ingresso na faculdade, que escola cursar, que cursos extracurriculares frequentar, quantas horas de estudos diárias, quantas horas mínimas de sono, que tipo de alimentação seria o mais indicado para aquele regime de dedicação, quais as faculdades de interesse por terem melhor conceito, enfim elaborou um particularizado planejamento e, assim que o ano letivo começou, não perdeu tempo em executar sua programação.

Muitas pessoas nunca pensaram em traçar seus grandes objetivos de vida, portanto nunca planejaram como atingir seus sonhos, e passam a se comportar como caminhantes sem rumo. Quantos profissionais conhecemos que nunca se preocuparam com uma visão de futuro?

Mas vamos lembrar que aqui existe uma grande diferença entre o desejar e a força de vontade para atingir um fim buscado.

Os homens desejam alimentos, os mais variados bens, desejam a glória, desejam satisfazer os deleites do corpo. Desejam posições sociais, desejam ser amados... desejam... desejam... desejam. E o desejo é algo irracional, não tem paciência, quer a satisfação imediata de suas necessidades, quer aqui e agora. E quando agimos comandados por essa cupidez inconsciente e infantil, de forma atabalhoada, não nos distanciamos muito dos animais e dos estúpidos.

Já, por outro lado, a força de vontade racionalizada e planificada é a característica dos bons guerreiros, pois representa o esforço consequente em vencer as dificuldades para alcançar a realização das nossas aspirações, transformadas em objetivos definidos. Aqui o projeto é o rascunho do futuro.

Sem dúvida que é a energia de nossos sonhos que nos impulsiona a viver, a criar, a agir. Nossos sonhos são a energia vital que nos impele para a frente, e nada de grande realizamos sem sonhar. Porém, é a razão, o discernimento e a avaliação antes de agir que nos faz vencedores. É a obstinação e a firmeza de somente realizar algo depois de previsto, analisado, calculado, conhecido, comparado, o que tece o sucesso do amanhã.

O desejo é paixão... a força de vontade é reflexão.

Jamais devemos enfrentar nossos desafios como os aparvalhados e ingênuos que agem de forma impensada e imprudente, mas sim acostumar a usar de toda nossa capacidade para meditar e avaliar antecipadamente sobre os fatores que influenciarão o resultado de nossas empreitadas. Somente os tolos seguem para a batalha sem armas e somente os imprudentes se arriscam diante dos inimigos que desconhecem. O homem insensato se torna um indecente e desprezível perdedor.

Vivemos numa época de transformações drásticas, e somente as pessoas que aprendem a se prevenir é que poderão ter sucesso no futuro. Os despojados e dominados ficam esperando pela sorte ou que os outros se previnam por eles. Pobres desgraçados!

Sun Tzu nos ensinou que para o enfrentamento de um desafio é preciso antes conhecer e matutar o máximo possível sobre o campo de batalha, as condições que cercarão a ação, quem serão os adversários, as táticas empregadas por eles, os tipos de ferramentas mais adequadas a nós. Esta fundamental lição pode, num primeiro momento, parecer complicada, mas uma vez analisada com cuidado pode se tornar uma prática bastante simples e intuitiva e se o grande segredo de um resultado feliz, como poderemos ver no decorrer deste livro.

O ensinamento nos manda, portanto, antever ao máximo possível o futuro, planejar, discutir, rascunhar as possibilidades do que poderá ocorrer na luta que pretendemos travar, prever as circunstâncias e os fatores que determinarão nosso sucesso ou nossa ruína, levantar os recursos necessários, olhar para a frente e buscar avaliar antecipadamente o que poderá acontecer na peleja. É comparar nossas forças com as do concorrente, é analisar nossos pontos fracos.

Vamos aplicar isso a nós mesmos. "Conhece-te a ti mesmo", dizia-nos o sábio Sócrates (469 a.C.), e por isso é aqui fundamental exercitar a nossa competência de primeiramente estudar a nós mesmos, de procedermos a uma madura autorreflexão sobre nossas fraquezas e nossas potencialidades, de agirmos racionalmente e sem paixões em medir com a balança, tudo isso com a necessária frieza de caráter.

E falando em planejar, pesar, discutir antes da ação, aqui já poderíamos exercitar algumas questões muito simples sobre uma futura batalha a ser travada por nós, fazendo uma analogia com os questionamentos levantados por Sun Tzu, em sua *A Arte da Guerra*.

Busque responder estas questões:

- Você sabe realmente qual é o seu objetivo?
- Você tem mais habilidade e capacidade que seu adversário?
- O local e a data do embate é mais favorável a você ou ao seu adversário?
- Você é mais disciplinado que seu adversário?
- Você tem mais força de vontade que o outro?
- Você está melhor habilitado e treinado que seu oposto?
- No caso de um trabalho coletivo, você é mais justo e divide melhor os sucessos com seus pares ou com seus subordinados?

Segundo a resposta a essas perguntas, pode-se saber quem terá sucesso, profetizou o mestre de Qi. E isto pode ser aplicado tanto à vida de uma pessoa como para os objetivos de uma grande empresa. Para Goethe (1745), quem supera, vence.

No caso de um líder político ou de um empresário, nada obsta que contrate profissionais especializados para ajudar a responder essas questões. Mas para nós, seres humanos normais, requer-se uma dose de humildade e aplicação para chegar às respostas. Por meio desses cálculos, pode-se antecipar o resultado de uma disputa.

É a prudência quem nos leva pela mão ao conhecimento próprio, e quando, modestamente, tomamos consciência de nossas próprias limitações passa a surgir em nós uma enorme força interna. Ao reconhecer nossas próprias fraquezas tornamo-nos maiores e mais fortes.

O Mestre e filósofo chinês Sun Tzu ensinou que: "Aquele que conhece o inimigo e a si mesmo, ainda que em cem batalhas, jamais correrá perigo. Aquele que não conhece o inimigo, mas conhece a si mesmo, às vezes, ganha, às vezes, perde. Mas aquele que não conhece nem o inimigo nem a si mesmo, correrá perigo em todas as batalhas".

A primeira e mais digna de todas as batalhas é a luta interior contra os nossos defeitos. A coragem de pensarmos em nós mesmos é uma virtude intelectual insofismável.

Veja que exercício interessante. Numa hora em que você estiver sozinho, pegue uma folha de papel em branco e risque duas colunas. Na primeira, relacione dez virtudes de seu caráter. Fácil, não é? Agora, na segunda, relacione dez maiores vícios ou defeitos. Nem tão fácil assim, não é? No verso da folha, relacione dez atitudes para sanar os defeitos.

Se você é um líder, experimente fazer o mesmo com sua empresa ou com seu setor.

Se não tomarmos conhecimento de nossas próprias falhas, nossos adversários se alegrarão em conhecê-las antes que nós. Pode ter certeza disto!

Foi Goethe (1749) quem falou: "É pena que a natureza fizesse de ti um só indivíduo. Porque havia matéria para um homem digno e para um patife". O escritor alemão usou uma forma um pouco rústica para expor a dupla natureza humana, mas, convenhamos, esclarecedora. Se formos capazes de reconhecer a nossa parte patife e frágil antes que outros o façam e transformá-la em força e sabedoria de vida, poderemos transcender a mediocridade e nos tornar guerreiros hábeis, e este será o primeiro passo no caminho de nosso êxito como seres humanos.

"Lê a ti mesmo", pronunciou Thomas Hobbes (1588). Aqui mais uma vez o conhecer-se a si mesmo, o autocontrole, a prudência com as próprias fraquezas é uma das chaves para o sucesso. Esta é a essência da ancestral e maravilhosa lição. Vamos em frente.

Definindo Objetivo

"O futuro pertence aos enérgicos que esperam e agem com firmeza, mas não aos tímidos, aos indecisos, aos irresolutos."

Papa Pio XII – *Textos Cristãos*

E por falar em força de vontade, a questão reincide em nossa mente: você sabe realmente onde quer chegar? Você tem uma definição clara dos objetivos que quer atingir na sua vida? Quem não tem para onde ir nunca chega a lugar nenhum, não é? Ou, como diz o ditado: "Para um barco sem rumo qualquer vento é ruim". Seria embaraçoso se lhe perguntassem: "Ora, como você quer enfrentar e ganhar batalhas se nem mesmo sabe pelo que lutar? Se não tem objetivos claros, se é um barco sem porto de chegada".

Diz a si mesmo o homem perdido: "Enfrento na vida mil batalhas sem sentido, pois não sei onde quero chegar". Traçar um grande projeto de vida e elaborar um amplo esboço existencial talvez seja a máxima dificuldade para a maioria dos homens como nós. E talvez uma imperdoável falha na guerra da vida. Uma vida sem sentido não vale ser vivida. A falta de um verdadeiro norte existencial é a marca de nosso tempo.

Em qualquer situação da nossa história, devemos ter um alvo a atingir. O homem não é nada mais do que seu projeto de vida, o homem é aquilo que sonha, e sua existência somente tem significado na medida em que se cria a si mesmo. Somos os criadores de nossa própria existência, de nossa fábula e de nosso futuro. Ora, como poderemos nos produzir e conceber um projeto de vida sem um plano diretor? Damos significado à nossa vida quando traçamos um ideal a ser alcançado no futuro, quando antecipamos e programamos nosso amanhã, quando partimos para a realização de nossos sonhos, quando nos sentimos desafiados a realizar o ser que há em nós. É bom levantar de manhã e ter um escopo a ser buscado. Deve fazer parte de nossa existência programar a nossa vida e existir uma busca permanente em realizar as nossas aspirações. Nós somos o que esperamos do amanhã, aquilo que preparamos para nós mesmos. "Nós somos do tecido de que são feitos os sonhos", disse William Shakespeare. Sem o desejo de um futuro, sem estarmos apaixonados pelas nossas aspirações, o mundo presente não tem muito sentido, não é? Precisamos estar motivados por nossas esperanças, e mais que isso, é preciso ser fiel à esperança.

É cara a lição: o ser humano necessita ter um belo projeto de vida. Por exemplo, um jovem deve saber definir o que quer fazer da sua vida, que profissão seguir, em qual área de atividade agir, que cursos almejar, que tipo de família, relacionamento e patrimônio quer construir no futuro. Um líder de família precisa projetar que condição quer dar aos filhos e à sua velhice. Um empresário carece perscrutar o destino econômico de sua empresa, analisar cenários futuros possíveis de serem atingidos e até mesmo a aptidão dos herdeiros. O administrador de uma entidade deve ter claros os escopos de sua administração. Um estadista tem o débito de pensar num amanhã de desenvolvimento e felicidade para seus governados.

Se é óbvia e intuitiva a lição que nos ensina que devemos antes de tudo definir um alvo a ser alcançado, por que a ignoramos tanto? O homem é o único ser que tem consciência de seu futuro, e essa consciência permite que ele construa e modifique seu destino. Prever o futuro é construí-lo, prever o futuro é construir-se.

Toda vez que nos acomodamos e não pensamos em nosso amanhã, no vir a ser das coisas, cometemos um ato de irresponsabilidade para com o nosso destino. O filósofo chinês Confúcio (Século IV a.C.) ensinou que "aquele que não prevê as coisas longínquas expõe-se às desgraças próximas". Neste mesmo sentido o Marquês de Maricá expressou que o futuro é como o papel em branco em que podemos escrever e desenhar o que queremos. Vamos então escrever a nossa realização como pessoa, desenhar a nossa fortuna.

Vamos definir nossos objetivos de vida, partir em busca da realização de nossos sonhos para alcançar a tão almejada felicidade de nossa existência.

Planejando

> "Planejar é pensar no melhor método
> para atingir um resultado."
>
> Bierce (1842)

Imagine que você reúna um grupo de operários e junte tijolos, ferragens, cimento e telhas e determine: "Comecem a construir o edifício!". Obviamente que os operários olhariam um para o outro e perguntariam perplexos: "Construir o quê? Onde está o projeto de engenharia, onde está a planta do prédio que você pretende ver construído?". Não seria um absurdo se você respondesse: "Não tenho projeto nenhum sobre o que quero, nem sei o que eu quero para o amanhã, mas comecem a trabalhar imediatamente!".

Ora, se a falta de planejamento, a falta de um projeto de engenharia, de um plano arquitetônico, é um absurdo na construção de um prédio, o que diríamos da ausência de concepções ou de planejamento na construção de uma vida, na carência de desígnio quando do enfrentamento das batalhas que necessariamente encontraremos em nossa existência?

Pense em um dirigente que assume uma corporação e simplesmente continue "pedalando", sem saber quais são seus objetivos, sem um método administrativo adequado, sem uma definição de crescimento para a empresa, de aperfeiçoamento, sem uma visão global de mercado, nada. Imagine um político que assuma uma cidade e fique simplesmente administrando problemas medíocres do cotidiano, sem um projeto social, sem planos diretores de desenvolvimento, sem buscar um caminho a ser seguido pela coletividade. Isto é vegetar, não é viver.

Imagine um jovem sem definição de um plano de vida para alcançar seus sonhos. Sem definir antecipadamente quais os objetivos que você quer alcançar, sem uma visão de futuro, sem definir quais as batalhas que ambiciona travar para conseguir determinado objetivo, a chance de sucesso é drasticamente diminuída, poderíamos dizer: nula. Fica-se dependente do imprevisto, mas os vencedores não acreditam no acaso.

A obstinação, a certeza do que se quer, a força de vontade são as energias impulsionadoras do sucesso e receita de êxito. A ambição, muitas vezes, supera o talento, e vencer requer na maioria das vezes um anseio férreo, mas antes de tudo é necessário uma visão de vida, um chão traçado e a clara definição dos passos a serem dados para alcançar os desígnios. Ou seja, é necessário um plano de trabalho a ser seguido, é preciso projetar, traçar um roteiro.

Há um preceito judaico que ensina: "Sem um plano, o que é fácil torna-se difícil; com um plano, o difícil torna-se fácil".

"É o sentimento que incita alguém a atingir o fim proposto pela vontade, o anseio, o desejo, a aspiração que faz o homem grande ou pequeno", disse o filósofo Friedrich von Schiller (1759).

Como já falamos, a vontade é o combustível sem o qual o espírito humano não se move, mas essa energia precisa estar direcionada e racionalizada para um alvo. É preciso existir um escopo e um projeto para chegar lá!

Imagine um time de futebol sem uma tática de jogo contra o adversário, funcionários sem projetos do que devem fazer, uma empresa sem um plano de crescimento, estudiosos sem ideações de pesquisas a serem realizadas.

Pode parecer maluquice, mas muitas pessoas jamais pensaram em traçar os planos de vida necessários para atingir a realização de seus sonhos. Sim, eu quero isso, mas o que preciso fazer para chegar lá? Simplesmente nascem, vivem e morrem conforme as circunstâncias, como folhas secas ao vento, sem fins claros definidos, sem um caminho traçado, sem metas a serem alcançadas, ou, muitas vezes, imitando aqueles que as cercam. Simples marionetes do mercado, escravos da opinião dos outros, abusados por outros, vítimas da angústia existencial, vão vivendo conforme a vida vai acontecendo. Tristemente não têm nenhum controle sobre o próprio existir.

O mesmo se pode pensar de um líder, de um dirigente político, de um empresário que definiu o alvo de sua empresa ou de seu grupo, mas não sabe como chegar lá, que produtos e qual volume de vendas quer atingir, que mercado quer dominar, que investimento tecnológico buscar e quais passos dar para atingir seus objetivos.

E o que diríamos de uma pessoa sem vontade, sem métodos e sem desígnio? E por falar nisso, caro leitor, quais seus planos para atingir seus objetivos neste ano? E para os próximos cinco anos?... e para os dez vindouros?... Parece que por meio desta lição, os mentores chegam até nossos ouvidos e perguntam sussurrando: "Ei! Você só tem uma vida: o que pretende fazer dela? Você é responsável por aquilo que é".

Sem isso é impossível definir que tática adotar para as batalhas, quais recursos serão necessários, quais armas usar, quais setores devem ser reformulados, onde investir, onde melhorar, quais cursos de capacitação realizar e assim por diante.

Uma vez definido o que se quer e quais batalhas travar, é que se poderá entender quem são nossos adversários e quais os obstáculos, conhecer o caminho a trilhar, buscar o conhecimento das situações internas e externas, as forças e as fraquezas do rival, para poder determinar onde (lugar), quando (tempo), como (modo) e com quem travar o combate.

Antes de começar a batalha, trace claramente seus objetivos e o plano para alcançá-los, analise as dificuldades de execução. Os hábeis comandantes vencem a batalha depois de terem criado as condições apropriadas, ensinou Sun Tzu. Procuremos mais ser pais do nosso futuro do que filhos do nosso passado, ensinou um sábio.

Seja Rápido e Eficaz

"Raramente vale a pena ser rude. Nunca vale a pena ser rude pela metade."

Norman Douglas (1868)

O objetivo da guerra é unicamente a vitória. Somente comece uma batalha quando dispuser dos recursos necessários, pois uma vitória, e uma vitória rápida, deve ser o principal objetivo de uma guerra. Evite operações prolongadas, isso somente trará desgaste e prejuízos. Sun Tzu proclamou: "Se a vitória demora para acontecer, as armas embotam-se e o moral cai. Nunca ninguém se beneficiou com guerras demasiadamente prolongadas".

Maquiavel doutrinava que se você tiver que enfrentar alguém, faça de tal forma que não lhe dê condições de se vingar, seja fatal e destrua definitivamente seu opositor. Um ataque deve ser eficaz e devastador, sem possibilidade de retaliação por parte do inimigo. Se algo o impede de avançar, livre-se dele, corte o mal pela raiz. Se for para fazer, faça o que precisa ser feito e definitivamente; se você quiser sobreviver na competição, aprenda a ser forte, pois nesses casos a piedade o levará à ruína.

Jamais faça ataques irrefletidos e em momentos errados que não têm possibilidade de vitória. São tolos os que fazem ofensas ou ataques que simplesmente irritam o adversário e lhe dão a chance e a justificativa de revidar. Evite enfurecer o inimigo. Ninguém é idiota para ficar dando tapinha à toa em cacho de marimbondo.

Se na paz é salutar ter a pureza da pomba, na guerra é preciso ter a coragem e a ferocidade do leão. Ataques que não produzem resultados e só se prestam a provocar e fortalecer o sentimento de hostilidade não têm nenhum valor e devem ser evitados. É o caso típico da pessoa que tem o vício de maldizer os outros, de dar continuidade ao mexerico, à difamação. Esse mau costume somente depõe contra o próprio detrator, e lembre-se que aquele que ouve estará pensando que, como você fala mal de outro, um dia poderá estar falando mal dele também.

Desta forma, quando for travar um conflito, procure a vitória rápida, pois os embates longos desgastam forças e posições e outras pessoas poderão querer tirar vantagem desse seu enfraquecimento.

É bem sabido que "quando duas pessoas disputam entre si, uma terceira se alegra".

Assim, ao planejar, procure alcançar os objetivos:
- no menor prazo de tempo possível;
- com o mínimo de gasto de energia ou recursos;
- com o mínimo de dano.

A Guerra é a Arte do Engano

"A guerra baseia-se no logro."

Sun Tzu

    Não estar preparado para os tempos de guerra é quase uma irresponsabilidade, e a preparação deve--se fazer em tempos de paz.
    Agir na guerra não significa, exclusivamente, agir com violência ou brutalidade. Em tempos difíceis é preciso, antes de qualquer coisa, definir exatamente quem é nosso contrário, pois em muitas situações ele pode estar disfarçado ou escondido, o que representa um enorme perigo para a nossa segurança.
    Como já vimos, é essencial para um estrategista conhecer as condições do inimigo. Porém, se você

busca avaliar seu inimigo, seus pontos fracos e seus pontos fortes, procurando perceber como ele pensa, como ele irá agir no campo de batalha, quais as possíveis táticas que irá utilizar, ele também o está analisando e buscando compreendê-lo. Isso se ele for um bom guerreiro, é claro. Por isso é essencial saber ocultar bem os próprios projetos. É mostra de prudência manter o silêncio, e como disse o poeta romano Públio Siro: "Arrependo-me muitas vezes de ter falado, nunca de me ter calado".

Todos os chefes de guerra sempre se esmeraram em astúcias, em habilidades e fingimentos, em artimanhas para confundir e enganar o inimigo. Nunca demonstre o que você está pensando ou como irá agir. É fundamental embaraçar, distorcer informações e ludibriar o adversário de forma que ele jamais conheça a sua real condição ou aquilo que você pretende fazer. Sun Tzu ensinou que aquele que age com astúcia deixa o inimigo cometer ele próprio os erros, e aqui o elemento surpresa é muito importante.

Você poderia fazer algumas objeções éticas a esse respeito, mas o que se pretende aqui é que deixemos um pouco de ser ingênuos e tolos nas mãos dos outros e, ainda, estamos falando em situação de competição, lembra-se? É salutar pôr uma pitadinha de astúcia no tempero natural da vida. Podemos notar na natureza um incontável número de animais que para sobreviver usam de disfarces, camuflagem e armadilhas para enganar ora seus predadores, ora suas presas. Diz ainda a sabedoria popular que na guerra e no amor vale tudo. Na natureza os animais usam de engodos na disputa de espaço, de comida, de sexo, e para permanecerem vivos.

Onde não cabe a utilização da força são necessários a astúcia, o ardil, a arte da artimanha. Ensinava Sun Tzu: "Quando capaz, finja-se incapaz; quando pronto, finja-se descuidado; quando perto, finja estar longe; quando longe, finja estar perto. Crie uma falsa impressão de atacar por um lado, enquanto ataca pelo outro". Isto não é uma dose da necessária e boa esperteza? Lembre-se do adágio popular: o mundo é dos espertos.

Porém, tenhamos cautela, pois os arrogantes que se julgam muito espertalhões são os mais fáceis de ser enganados e, por isso mesmo, em momento algum, devemos nos sentir mais clarividentes que o adversário, jamais subestimá-lo, pois poderemos estar sendo atraídos para uma armadilha. Se puder, seja mais esperto que os outros, mas nunca lhes diga isso. Ao contrário, induzir o inimigo a não nos ter em grande conta sempre foi um excelente estratagema.

Somos falíveis e por isso devemos tomar muito cuidado ao examinar as informações vindas de nossos inimigos, buscando a verdade em todos os detalhes para não sermos enganados. Se buscamos enganar, também poderemos estar sendo enganados.

Comumente surge uma verdadeira guerra de informações falsas, buscando iludir o competidor e induzi-lo ao erro. La Fontaine (1621) confessou que é um prazer dobrado enganar quem engana.

Quando perceber que o inimigo está procurando alguma vantagem, atraia-o para uma armadilha. Crie sinais falsos para levá-lo a julgamentos enganosos que o conduzirão a cometer erros e ser pego de surpresa.

Sun Tzu enumerou alguns ardis básicos que são estratagemas chaves para a vitória sobre o inimigo. São artifícios e manobras que estão à nossa disposição na batalha e devem ser analisados se cabem ou não em cada situação. Vejamos:

- Arme ciladas para confundir o inimigo.
- Ataque-o quando ele estiver desorganizado.
- Provoque o inimigo quando ele estiver seguro de suas forças.
- Evite-o quando ele for mais forte.
- Se ele for colérico, tente irritá-lo.
- Se ele for arrogante, estimule mais seu egoísmo.
- Desgaste seu inimigo.
- Ataque onde ele estiver menos preparado.
- Ataque onde ele não espera.

Maquiavel ensinava que, na guerra, deveríamos agir como o leão ou como a raposa, conforme convinha às circunstâncias. O leão que habita em nós evoca a figura do lutador poderoso, do soberano, do rei dos animais e traz a encarnação da força, da justiça, do enfrentamento direto. Contudo, há uma armadilha no caminho. O excesso de orgulho e confiança em si mesmo, além da figura do pai protetor, do dominador, perigosamente ofuscado pelo próprio poder, pode torná-lo um tirano. Muitos homens, ao atingirem certa posição de poder ou uma determinada riqueza, passam a aquilatar-se superiores aos outros, e quando iludidos pelo poder, perdem o hábito de pensar.

De outro lado, personificando as contradições inerentes à natureza humana, a raposa representa a face ativa, inventiva e, ao mesmo tempo, destrutiva, audaciosa, mas medrosa, inquieta, maliciosa e esperta da pessoa humana. A pessoa esperta sempre cria mais oportunidades do que encontra.

Conforme se apresentarem as situações, uma das capacidades – o leão ou a raposa – deve ser sabiamente aplicada em cada conjuntura. O bruto leão não sabe se defender das armadilhas arquitetadas pelo inimigo, e a raposa não têm ferocidade para se defender dos lobos. É indispensável, portanto, ser uma astuta raposa para conhecer e fugir das emboscadas armadas pelo inimigo e um forte leão para afrontar os lobos. Nas situações do dia a dia, é preciso saber quando ser sutilmente astuto e quando usar da força.

Quem se comporta somente como um leão, invariavelmente, estará fadado ao insucesso. É o famoso brutamontes que pensa que somente pela força, pela pressão ou pela imposição de medo poderá vencer todas as batalhas. Não te imponhas pela força, do contrário, impor-se-ão a ti pela força. É preciso sempre analisar a utilização das próprias energias, embora, algumas vezes, ela seja necessária; outras vezes, a astúcia da raposa pode obter os resultados que o leão não consegue. Mais vale uma raposa viva que um leão morto. Mesmo com a coragem do leão jamais deve esquecer-se de ponderar, esta capacidade humana nem sempre valorizada.

Lutar ou Não Lutar?

"Os espíritos pequenos são domados e subjugados pelo infortúnio; os grandes, porém, sabem como fugir à desgraça."

W. Irving (1783)

Note o leitor que usamos passar algumas vezes pelo mesmo assunto, mas o fazemos como que pretendendo ascender por uma curva helicoidal, que reincide na mesma questão, mas em um nível epistemologicamente superior.

Pois bem. A guerra deve ser algo racional, e começar uma batalha na vida deve estar baseado na avaliação crua de custo e benefício, das vantagens e desvantagens que poderá nos trazer. A guerra é simplesmente uma opção a mais para alcançarmos um bem, lograrmos um interesse, dominarmos um adversário.

A decisão de lutar, ou não, necessita ser precedida de um cálculo frio do tipo custo-benefício. Por que vou entrar numa disputa, numa competição ou numa discussão com uma pessoa se o que eu vou ganhar não vale a pena? Ou ainda, se não poderei vencer? Ou ainda, se o custo da peleja for tão alto que não valerá o troféu.

Portanto, carecemos de bem definir não somente quais são os nossos reais inimigos, mas também quais lutas valem a pena lutar.

Ora, se nem sempre os possíveis benefícios estão do lado da opção de lutar, por que vou começar uma batalha, gastar minhas energias à toa? E mesmo durante a luta, devemos analisar a cada momento se taticamente é mais vantajoso aumentar a potência do confronto ou diminuí-la. Para que vou enfrentar um inimigo de peito aberto, por exemplo, se sei que ele irá me destroçar?

Como vimos, um dos estratagemas propostos pelo instrutor Tzu foi: "Evita-o quando ele for muito mais forte". E isto significa exatamente: fuja da luta!

Alguém poderia questionar: "Mas fugir não significaria ser um covarde?". E a resposta é: Não! Covarde é aquele que, além de ter interesse, reúne todas as condições de lutar e vencer, mas não luta, pois é fraco de ânimo, inerme, medroso. Diferentemente é o prudente, o cauteloso, o previdente, o precavido, o esperto que analisa as circunstâncias e deduz não serem favoráveis à ação naquele dado momento. E o tempo certo é um fator importantíssimo do sucesso.

Nessas condições, enfrentar a batalha sem ter ainda as condições necessárias, sem estar preparado adequadamente e confrontar-se com um inimigo muito mais forte seria irresponsabilidade, insensatez, burrice... suicídio, em última análise.

Aqui, cautela e canja de galinha não fazem mal a ninguém, diz o ditado popular. Por isso, diferentemente do que pensam alguns, desviar-se do caminho do inimigo e evitar o confronto pode ser um ato de extrema inteligência e astúcia. A questão fundamental mais uma vez volta a ser: aferir os custos e os benefícios. Muitos agem como desmedidos e toscos por desconhecerem os riscos que seus atos envolvem e acabam por ser abatidos e ter enormes prejuízos.

A natureza nos ensina a esse respeito. Fazemos parte de uma coletividade onde todos buscam sobreviver e satisfazer seus desejos, o que é um direito natural de todos os *Homo Sapiens*. Assim, teremos que nos associar com alguns e combater outros. Hobbes disse que no estado natural há uma guerra de todos contra todos, pois todos lutam por segurança, lucro e proeminência sobre os demais.

Nessa guerra diária, irá vencer aquele que melhor fizer uso de seus recursos, e isso inclui fazer uso da melhor maneira possível das estratégias de sobrevivência que estiverem ao nosso alcance. E a melhor estratégia pode ser evitar o combate. Vejamos outra situação arquetípica.

Imagine que João e Paulo são rivais entre si e ambos são também seus adversários. Se você guerrear e eliminar João, estará fazendo um favor a Paulo, o outro inimigo seu. Dessa forma, Paulo estará livre para lhe atacar, já que não tem mais o primeiro adversário para ameaçá-lo.

Portanto, pode ser uma boa estratégia não lutar com João, para que ele dispute primeiro com Paulo e enfraqueça-se e você seja beneficiado indiretamente pela guerra entre ambos. O que esta reflexão nos reforça é que nem sempre lutar traz vantagem, ou seja, muitas vezes, conclui-se que não lutar é mais interessante ou mais útil naquelas circunstâncias. Como vimos, anteriormente, às vezes é preciso agir como a raposa e não como o leão.

Assim, quando o cálculo indicar derrota ou ganhar pode não trazer nenhum proveito, evite o confronto. Quando for mais prudente evadir-se, não tenha dúvidas, evada-se.

Agora podemos entender melhor o ensinamento de que o vitorioso só entra na batalha depois de ter planejado e garantido, antecipadamente, a vitória. Sun Tzu dizia que o estrategista não tem tanto mérito na vitória, pois seu mérito está no planejamento, no programa, no projeto.

É salutar refletir que quando o inimigo é mais forte, a apropriada estratégia manda optar pela montagem de uma adequada defesa e somente atacar o inimigo quando este estiver mais fraco. Assim, há a necessidade de proteger antecipadamente nossos pontos vulneráveis. E por falar nisto, quais são eles mesmo?

Eu e o Meu Itinerário

"A grande arte é mudar durante a batalha. Ai do general que vai para o combate com um único esquema."

Napoleão (1769)

A luta pela sobrevivência envolve todos os seres em todos os mais remotos lugares da natureza. Plantas, crustáceos, peixes, insetos, anfíbios, aves, mamíferos, homens, todos competem acirradamente uns com os outros, digladiam pela própria existência, por sobreviver, num mundo de armas terríveis e estratagemas.

Por intermédio dessa luta sem misericórdia pela vida, a natureza seleciona aqueles mais aptos a sobreviver, os que alcançam melhor adaptação às circunstâncias que os cercam. Para o naturalista

Charles Darwin, não são as espécies mais fortes que sobrevivem, e sim as mais suscetíveis a mudanças.

O campo de batalha da sociedade torna-se fator importante de seleção. Aquele que não toma consciência disso e não consegue traçar uma estratégia para o meio onde vive, aquele que não busca amoldar-se ao próprio ambiente, planejando suas ações, será derrotado por ele, inexoravelmente.

Pare por um momento e faça a seguinte experiência: trace num papel em branco uma linha horizontal. Marque um ponto A no início e um ponto B no final. O ponto A é onde você se encontra hoje, suas condições atuais, o que você tem agora para lutar. No ponto B marque o objetivo final que você deseja alcançar. Entre os pontos A e B registre todas as ações, atitudes, metas e compromissos que você deverá realizar para atingir o ponto B.

A___PLANEJAMENTO (ações, atitudes, metas, compromissos)___B
(onde estou) (o que quero)

Trace um roteiro, pense, analise, defina os caminhos a seguir, as decisões pessoais a tomar, antecipe surpresas, defina os recursos e capacidades necessárias para atingir o seu alvo. Mas lembre-se, o mundo é dinâmico e as coisas mudam durante o processo de embate, e os guerreiros que não conseguem harmonizar-se rapidamente às novas condições do ambiente onde vivem, que não alcançam traçar antecipadamente suas táticas de luta, ficam para trás na competição e acabam por se extinguir. Adaptar-se ou morrer, vaticina sem dó a lei da evolução darwiniana.

Também é elementar que no percurso da vida encontraremos circunstâncias insuperáveis, e insistir na mesma direção é estupidez e prejuízo. Chegando-se a um impasse, deve-se mudar a estratégia para depois prosseguir, assim como faz um rio ao encontrar uma montanha. "A habilidade de alcançar a vitória mudando e adaptando-se de acordo com o inimigo é chamada de genialidade", ensinou o mestre Sun Tzu.

Aquele que antecipa mentalmente a batalha, que prevê as dificuldades futuras e se prepara para elas, que, quando for necessário, modifica suas atitudes para melhor se acomodar ao campo de combate leva vantagem sobre os demais competidores. Deve sempre existir um plano "B".

Toda e qualquer disputa significa desgaste de energia, e se você não calcular direito e prolongar inutilmente a batalha, poderá ser derrotado por esgotar suas forças.

Conduzindo à Guerra

"Em tempo de paz convém ao homem serenidade e humildade; mas quando estoura a guerra, deve agir como um tigre!"

William Shakespeare (1564)

Nunca é demais repetir que guerrear significa despender tempo, energia e recursos. Jamais devemos iniciar um combate sem que tenhamos o cálculo exato de quanto aquele embate vai nos custar. Por isso que, às vezes, é preferível nem iniciar uma batalha.

Iniciar uma guerra sem ter condições de mantê-la é estar predisposto a perdê-la, e quanto mais demorada for essa pendenga, mais recursos serão necessários.

Por essa razão, ao travar uma pugna, deve-se procurar sempre uma vitória rápida, ser eficaz com o menor gasto de energia e recursos possível.

As pendengas longas só trazem desgastes, exaustão, fadiga psicológica, esgotamento financeiro. E ainda, depois de você ter desgastado seus recursos, desmoralizado sua equipe, exaurido suas reservas, você corre o risco de ser atacado por outros adversários em função de seu estado de atonia e fraqueza. Este é o preço que se paga pelo mau planejamento.

Se um primeiro e grave erro é entrar numa batalha de forma precipitada e imprudente, outro erro é permitir que as hostilidades se arrastem sem controle. Assim, é preciso fazer o que precisa ser feito... e logo. Ao conduzir um embate, busque ser o mais eficaz possível.

Quando alguém não está profundamente consciente dos riscos de empreender uma guerra, também não está profundamente consciente de como aproveitá-la da melhor maneira, ensinou Sun Tzu.

O mestre insiste e persiste que uma guerra deve ser antecipadamente planejada, custos orçados, desgastes calculados, deve haver uma previsão de sua duração e a origem dos recursos que serão dispendidos. Prever as eventualidades, conhecer as condições do inimigo e saber até onde podemos ir, é crucial para a vitória.

Uma pessoa, uma empresa ou uma nação pode ser empobrecida quando for forçada a manter um duelo demorado e dispendioso. Por essa razão, é necessário saber que as despesas de uma guerra se somarão aos gastos normais do dia a dia de uma entidade ou de uma pessoa e têm dinâmica própria de esgotamento, podendo ser classificado como um investimento de risco.

Um bom estrategista sabe que há uma disputa por fontes de recursos entre os adversários para se manterem em guerra. Se, de um lado, devemos buscar impedir e prejudicar as fontes de recursos do inimigo, por outro lado, devemos sempre que possível tomar para nós tais fontes.

Ser rápido, capturar fontes de recursos de seus inimigos quando possível, roubar-lhes bons funcionários, conquistar seus melhores clientes, abocanhar seu mercado. Isso se chama aumentar as próprias forças no processo de adversidade.

Portanto, na guerra, preze as vitórias rápidas!

Amigos e Inimigos

"Só podemos ser felizes na luta."

Nietzsche (1844)

Para o filósofo grego Sêneca (4 a.C.), nunca a riqueza põe um homem em tal altura que não precise de um amigo. Na arte do combate do dia a dia, é preciso fazer amizades, relacionamentos, alianças, acordos. Ampliar, constantemente, o círculo de conhecimento e influência. Você não vai querer estar cercado por inimigos por todos os lados, não é?

Aqui uma lição importante: na guerra e na vida a amizade é um instinto de sobrevivência, uma necessidade de dar e receber proteção, uma relação de troca onde o que mais importa é a lealdade. Mesmo nos julgando detentores de boa capacidade, jamais devemos descuidar de cultivar benefícios, ampliar o círculo de amizades, dar apoio às pessoas, aperfeiçoar bons relacionamentos, pois um dia poderão reverter em algum tipo de influência, patrocínio ou cooperação nas horas difíceis. E, por analogia, devemos estar dispostos a socorrer nossos aliados em suas pelejas do cotidiano. Jamais crie um deserto em volta de si mesmo.

Maquiavel nos ensinava que na batalha pelo poder, assim como na existência, é preciso saber proteger-se dos inimigos, fazer amigos, vencer seja pela força, seja pela astúcia, tornar-se amado ou temido, ser seguido e respeitado, eliminar aqueles que podem ou devem nos prejudicar, ser severo e grato, magnânimo e liberal, acabar com as forças desleais e formar novas, contar com a amizade de outros líderes poderosos, de sorte que sejam solícitos no benefício e temerosos de molestá-lo. Reflita por um momento como você põe isso em prática nos relacionamentos de sua vida, por exemplo, no campo profissional.

Vamos concordar que os nossos primeiros e maiores inimigos são aqueles que existem dentro de nós mesmos: são nossos erros, nossos vícios, nossas paixões, nossas fraquezas. Quanto àqueles que são hostis a nós, como disse o pensador grego Aristófanes (450 a.C.): "Quem é sábio aprende muito com seus inimigos".

Um oponente não precisa necessariamente estar representado por outra pessoa, por uma empresa concorrente ou por uma nação hostil, por exemplo. Um problema pessoal que está afetando nossa vida pode ser o nosso inimigo de hoje, devendo ser tratado sob o prisma da racionalidade, despindo-o da carga emocional que geralmente o acompanha, analisado, conhecido, planejada a sua solução, enfim, todas as lições transmitidas pelos mestres estrategistas podem e devem ser igualmente aplicadas para o enfrentamento deste problema.

Lembre-se que em certas situações a definição de inimigo pode não ser absolutamente clara, e na guerra é uma arte não levar o inimigo ao desespero. Emerson era um jovem e aplicado advogado que trabalhava numa empresa transnacional, quando foi aberta uma vaga para chefia do seu setor, bastante almejada por ele. O jovem percebeu que muitos de seus colegas também cobiçavam a mesma vaga, mas não deixavam absolutamente transparecer o interesse, o que tornava mais difícil definir quais eram seus concorrentes.

Jamais se deve descuidar ou subestimar os inimigos, e saiba que é natural que, quanto maior sua própria importância, mais antagonistas colecionará. É sabido que a competência cria adversários.

É verdade que tanto os amigos como os inimigos nos ensinam a conhecermo-nos melhor. Cada amigo nos aperfeiçoa e nos enriquece, tanto por aquilo que nos dá como por aquilo que ajuda a revelar de nós mesmos. Os amigos nos servem como espelho e como escudo, enquanto os inimigos enrijecem nossos nervos e ampliam nossa capacidade.

Mas a chave está em saber definir aquele que é amigo e quais são realmente nossos inimigos; é saber separar o joio do trigo. É tão grave travar, equivocadamente, uma batalha contra um amigo quanto desconhecer um inimigo.

Delineando o Ataque

> "O perfeito homem do mundo seria aquele que jamais hesitasse por indecisão e nunca agisse por precipitação."
>
> Arthur Schopenhauer

O espólio de guerra é o sonho de consumo dos vencedores. Capturar intactas as fontes de recursos, as riquezas e os exércitos dos inimigos para si é melhor que tê-los destruídos na guerra, quando somente sobrará como restos de combate escombros e destruição, é a lição dos mestres.

Por isso se diz que manter o máximo possível os bens e valores do inimigo ilesos é melhor opção do que esmagá-lo, no caso de você vencer a batalha.

É evidente que a vitória ideal é subjugar o inimigo sem chegar sequer a combater. É vitória total a custo praticamente zero. Nesse caso, não gastaríamos nossas energias além de somarmos os recursos e valores capturados do inimigo vencido.

"Pouco interessa conquistar o inimigo depois de uma longa e desgastante guerra, pois você estará em farrapos e seu inimigo também. Dominar o inimigo sem ir a combate significa a suprema excelência", ensinou o mestre Sun Tzu.

A confrontação direta entre as forças deve ser o último recurso a ser utilizado. Depois de esgotadas todas as possibilidades de diálogo e negociação, é aconselhável, primeiramente, investir contra as táticas do oponente, seus planos, sua organização, buscando anulá-las, depois jogar para minar suas alianças, amizades e relacionamentos com outros, e só então, como última alternativa, o confronto aberto.

A estratégia de dividir para dominar, proposta por Maquiavel, é uma opção que deve sempre estar à mesa quando o inimigo se mostrar forte. As potências europeias utilizaram essa tática para dominar os povos da América, da África e do Oriente Médio, com absoluto sucesso. Esse método consiste em se infiltrar no inimigo, incentivar divisões, insuflar interesses divergentes e conspirações internas, fragmentando o poder e procurando jogar facções em disputas umas contra as outras para que se enfraqueçam e fique mais fácil dominá-las de fora. Se a união faz a força, a divisão desorganiza e debilita o inimigo criando as oportunidades de domínio.

Repetindo, o ideal é planejar para submeter o adversário sem combatê-lo de frente, pois você não gastará quase nada e terá o ganho dos bens do sobrepujado.

Mas a pior opção ainda é atacar o inimigo que está lhe esperando e bem protegido, que armou defesa e sabe se defender, estando bem preparado para rechaçar sua ofensiva. Isso pode parecer extremamente óbvio, mas veja no dia a dia quantos cometem esse erro, metendo a cabeça no muro. Muitas vezes, o óbvio é igual ao nariz, está na nossa cara e é o mais difícil de enxergar. Qual a vantagem de atacar alguém que está bem protegido e vai reagir?

A primeira opção, portanto, é debilitar, psicologicamente, o adversário, com o auxílio de técnicas próprias de enganos, rumores, intimidações, ameaças, sabotagem, enfim, todos os recursos que possam influenciar as emoções, a confiança, a animação e as decisões do inimigo: a guerra psicológica.

Diminuir a força moral do inimigo é um fator tão importante na guerra como qualquer outro fator material ou físico. Minar a força de vontade, a certeza e a esperança do inimigo é cortar os suprimentos mentais do adversário, é tolher suas energias para a batalha, abalar sua fé, é desestimulá-lo a lutar, é derrotá-lo sem precisar combater.

Portanto, é extremamente importante que a guerra psicológica antecipe o combate.

E para encerrar este capítulo, devemos anotar cinco circunstâncias que, segundo as lições do mestre Sun Tzu, possibilitam antever quem será o vencedor:

- Aquele que sabe quando combater e quando não combater;
- Aquele que sabe combater de acordo com o poderio das forças inimigas;
- Aquele que consegue concentrar suas energias num objetivo claro;
- Aquele que se prepara bem e espera por um inimigo despreparado;
- Aquele cujos colaboradores são capacitados e atuam com competência.

A Propaganda Negra

> "Com o engodo de uma mentira,
> pesca-se uma carpa grande."
>
> Shakespeare (1564)

Sem contar com os recursos e os conhecimentos disponíveis pela ciência atual, Sun Tzu vaticinou: "Um exército confuso conduz o adversário à vitória!" Ou seja, aquele que tiver dúvidas sobre metas a alcançar, estiver desorganizado e não souber que plano adotar, será derrotado. Isso pode ser objeto de uma autoanálise muito importante.

Ora, estamos em guerra? Sim. Então é preciso confundir o inimigo! E para isso, a desinformação, ou a chamada propaganda negra, é um instrumento de extraordinária influência na balança da vitória e é usada desde os primórdios da humanidade. As pinturas no corpo, os disfarces, os adornos, os tambores e os gritos de guerra, as demonstrações de força física, as simulações em campo de batalha são formas primitivas de propaganda de guerra.

A chamada Propaganda Negra consiste na implantação de mentiras ou informações falsas na mente do inimigo, geralmente se utilizando do anonimato ou de fontes desleais para fazer com que o oponente cometa erros. Uma vez estudado o inimigo e conhecido aquilo que o motiva, esse ponto deve ser, prioritariamente, atacado pela desinformação que nada mais é do que notícia propositadamente desvirtuada, ou produzindo um embuste para induzir o adversário em erro de apreciação e, consequentemente, de ação. Fatos duvidosos, provas falsificadas, simulações, conversa artificiosa, impostura, ardil, engano são eficientes instrumentos para desestabilizar o inimigo e, por outro lado, fortalecer as próprias colunas.

O recurso à Propaganda Negra, como instrumento de desprestígio, causa confusão no inimigo, suscita dúvidas em sua mente e na dos seus aliados, semeia o receio no meio concorrente e, na maioria das vezes, é muito difícil de ser revertida.

A esse respeito, há um conto em que narra um discípulo que pergunta ao seu mestre: "Mestre, o que é a calúnia?" Ao que o mestre respondeu: "Vá e me traga um saco cheio de penas". Quando o discípulo voltou com um saco cheio de penas, o mestre levou-o até o alto de uma montanha e lançou as penas ao vento e estas se espalharam por todo o vale. Após isso, o mestre respondeu: "A difamação é como um saco de penas jogadas ao vento, uma vez espalhadas é praticamente impossível recolhê-las de novo".

Na Propaganda Negra é fundamental que a fonte jamais seja descoberta. Esse tipo de propaganda é baseado no princípio "minta, que alguma coisa sempre fica", pois mesmo que o caso venha a ser esclarecido, posteriormente, a mentira difundida já terá provocado seus estragos e nunca será completamente apagada. O filósofo grego Sófocles (496 a.C.) disse que não é bom dizer mentiras, mas quando a verdade puder trazer uma terrível ruína, então dizer o que não é bom também é perdoável.

Tanto é que muitos países mantêm em seus serviços de Inteligência os chamados Departamentos de Desinformação que, geralmente, se escondem atrás de fontes falsas e têm como função difundir a Propaganda Negra, com o único propósito de desprestigiar e confundir seus opositores, utilizando os vastos recursos da tecnologia e da mídia modernas.

Não se pode dizer que as grandes corporações também não se utilizam dessa arma contra seus concorrentes, tampouco negar que os políticos usam habitualmente a Propaganda Negra contra seus adversários, utilizando-se inclusive da mídia tendenciosa. No embate político atual é comum ver meios de comunicação de seriedade duvidosa, como jornais, revistas, canais de televisão, redes sociais, serem utilizados como arma de Propaganda Negra contra os adversários.

Propagando informações falsas, você pode influenciar as tomadas de posições de seu oponente e levá-lo a cometer erros.

O cuidado que se deve tomar com a Propaganda Negra, principalmente nos relacionamentos pessoais, é não ser descoberto e levar a fama de fofoqueiro e enganador, perdendo assim sua credibilidade junto aos seus. Por isso ela deve ser usada com muitíssima perspicácia.

Confronto Direto

> "Da escola de guerra da vida – o que não me mata, fortalece-me."
>
> Nietzsche (1844)

Não é demais reforçar que todas essas técnicas podem e devem ser usadas em conjunto para, previamente, evitar o confronto direto, porém, se este for inevitável, o estrategista deve buscar a vitória de forma mais rápida possível. Lutar pelo sucesso é bom, mas alcançá-lo sem desgaste é melhor ainda.

Quanto menor o nosso prejuízo com a guerra, melhor será. Devemos fazer o máximo esforço possível para evitar o confronto direto com o inimigo; nesse caso, a simulação e a Propaganda Negra que podem debilitar psicologicamente e confundir o inimigo devem ser um dos primeiros caminhos a ser utilizado.

Segundo o mestre Sun Tzu, na opção de ataque direto, deve-se analisar:

- Quando você tiver dez vezes mais força que o inimigo, cerque-o;
- Quando tiver cinco vezes, ataque-o;
- Quando tiver apenas o dobro, enfrente-o;
- Quando você e o inimigo tiverem igualdade de forças, seja hábil em dividi-lo.

Ou seja, o mestre nos ensina a fazer uma clara comparação entre as forças, a fazer um cotejamento, uma fria avaliação entre a nossa potência e a do nosso oponente, e somente a partir daí tomar uma decisão.

Mais uma vez vem à baila a afirmação: Nenhum administrador ou líder que se preze poderá ignorar as próprias forças e muito menos as forças do adversário. Essa é uma lição recursiva no mundo da estretégia. Não é bom guerreiro aquele que só olha para o próprio umbigo.

É recorrente em Sun Tzu a afirmação da consciência das próprias capacidades em comparação com as do inimigo, fazendo um balanço racional de forças. Procure conhecer e pese as forças sempre.

Somente após essa meticulosa avaliação se poderá traçar um plano, seja ele de enfrentamento direto, de ardil, de adiamento da batalha, de escolha de terreno, ou mesmo de evitar a guerra.

Um bom comandante é aquele que é sereno, mas sagaz, que é capaz de analisar com frieza a situação, que sempre tem em mente um planejamento, que tem objetivos, que tem motivação e perseverança. O líder induz os liderados a comungar os mesmos objetivos.

Moral da Tropa

> "Determinação, coragem e autoconfiança são fatores decisivos para osucesso. Se estamos possuídos por uma inabalável determinação, conseguiremos superá-los."
>
> Dalai Lama (1935)

Um ponto de suma importância é o que se costuma chamar de moral da tropa, o lado motivacional daqueles que irão participar do embate. Os militares sabem bem da importância desse aspecto da psicologia humana.

Aqui, moral significa força de vontade, motivação, garra, certeza na vitória por parte de uma pessoa ou um grupo de pessoas. Significa também forte interesse, disposição, entusiasmo e persistência na execução de qualquer projeto de vida, uma força subjacente que explica por que certas pessoas conseguem superar os obstáculos e se tornar vitoriosas. Arranque essa confiança de alguém e ele será facilmente dominado.

Os estudos e a literatura mais que comprovaram que a motivação é tudo, tanto para a vida pessoal como para qualquer trabalho. Pessoas desmotivadas arrasam uma vida, uma família, uma empresa, o mundo. São essa força, essa intensidade de vida, esse vigor que determinam a conduta de um indivíduo ou de um grupo. Os escravos, os homens servis de todas as naturezas, os derrotados são aqueles em que se nota uma moral fraca, a falta de ânimo, de vontade, de energia.

Sun Tzu aconselha evitar um inimigo nos momentos em que ele está com o espírito em alta e o atacar quando ele está esmorecido, desanimado. Existem também algumas condições que podem indicar claramente o fracasso de um exército, como por exemplo: se o líder subestimou a força do inimigo, agindo irresponsavelmente nos cálculos de guerra; quando os subalternos são indisciplinados; quando os comandados são pessoas mal treinadas para as tarefas que devem realizar; quando não prevalece a meritocracia, ou seja, quando os melhores e mais competentes não são valorizados.

O relacionamento entre os profissionais de uma empresa, o ânimo em torno de um objetivo comum, um bom ambiente de trabalho em que haja respeito, valorização, aspiração, anseio, desejo e motivação comuns devem fazer parte do manual de qualquer estrategista.

Na dimensão pessoal, se você partir para uma batalha sem essa energia impulsionadora, indeciso quanto ao caminho a percorrer ou quanto ao objetivo a alcançar, a probabilidade de insucesso é grande. Estudos indicam que a maior característica dos vencedores é sua força de vontade, sua obstinação em atingir os objetivos, e em menor grau, sua capacidade intelectual.

Para os valores de Sun Tzu, o que caracterizava um líder é a inteligência, a confiabilidade, a humanidade, a coragem e a austeridade. Essa força motivadora influencia diretamente as atitudes das pessoas, gera a disciplina, a harmonia, o trabalho em equipe, o foco no objetivo, fatores tão importantes para o mestre. A competitividade de uma organização está mais associada ao desenvolvimento de um ambiente de cooperação, criatividade e motivação do que horas trabalhadas ou ao próprio conhecimento técnico.

Por outro lado, é crível que nunca houve um empreendimento importante na história da humanidade em que a dúvida não tenha transpassado em algum momento o coração do comandante ou de um guerreiro, mas, uma vez decididas as ações, deve-se estar convencido da vitória, sugestionado pela motivadora esperança e embebido na fé do sucesso.

Para Franklin Roosevelt, os únicos limites das nossas realizações de amanhã são as nossas dúvidas e hesitações de hoje.

E se você for, ao mesmo tempo, o comandante e guerreiro de sua vida, deve estar inflado pela confiança inabalável quando o calor do conflito lhe assoprar a face, sem deixar de estar acompanhado, é claro, pela serena reflexão. Eis o abismo entre o projeto e a execução, filosofou Clausewitz.

Posições Estratégicas

"A natureza cria poucos homens corajosos; a dedicação e o treinamento criam muitos."

Maquiavel

Segundo a lenda, os gregos, chefiados pelo herói guerreiro Aquiles, inflingiam sangrentas derrotas aos troianos. Aquiles parecia invencível, como se nem flechas nem espadas fossem capazes de feri-lo.

No entanto, o herói padecia de uma fraqueza secreta. Quando Aquiles ainda era um bebê, sua mãe, Tètis, mergulhou-o nas águas infernais do Rio Estige. Esse banho tornou-o invulnerável em todas as partes do corpo, menos no calcanhar, por onde sua mãe o segurou. Vindo a conhecer esse segredo, sua inimiga Páris estica o arco e faz pontaria com uma flecha envenenada no calcanhar do herói. Aquiles cai e morre.

Daí a velha sentença: "todo mundo tem um calcanhar de Aquiles", ou seja, todo mundo tem um ponto fraco. Quem não tem? E nossos defeitos são por vezes nossos maiores opositores.

Confúcio disse que o sábio envergonha-se de seus defeitos, mas não se envergonha de corrigi-los.

Sun Tzu lecionou que primeiro devemos nos tornar invencíveis para depois esperar que o inimigo exponha sua vulnerabilidade, pois a vulnerabilidade do inimigo, disse o mestre, depende dele mesmo.

Para que nos tornemos invencíveis, é preciso que façamos uma constante autoanálise, que exercitemos a humildade e a coragem de reconhecer nossas falhas, nossas vulnerabilidades, nossas besteiras, nossos calcanhares de Aquiles, para que possamos aumentar sua proteção.

Enfrentar sem hipocrisia, analisar e corrigir nossos pontos fracos é a primeira obrigação e, talvez, uma das tarefas mais difíceis na arte de viver. É muito mais fácil enxergar os defeitos alheios do que os próprios.

Muitas vezes é espinhoso aceitar os próprios defeitos. É preciso uma boa dose de coragem para nos livrar dos preconceitos, do amor-próprio, das nossas opiniões já formadas e voltarmos o olhar para nós mesmos com seriedade e franqueza. Isso se pretendemos estabelecer algo de sólido em nossas vidas.

Para a arte de viver e, portanto, para a arte da guerra da sobrevivência, é fundamental a consciência de nossa personalidade, do que pensamos na vida, dos nossos objetivos a curto e médio prazos, dos nossos pontos fortes, mas também dos nossos pontos fracos e das nossas vulnerabilidades. Onde houver pontos fracos em nossa muralha, aí devemos trabalhar para fortalecê-la.

Vamos pensar por um instante: você já se deu a oportunidade, como anteriormente proposto, de sentar-se isolado, pôr na sua frente um papel em branco e relacionar seus pontos fracos, seus defeitos, as vulnerabilidades de sua defesa, enfim, seus calcanhares de Aquiles? Após esse exercício comece a descrever o que é preciso para corrigi-los. E quanto maior a capacidade de enxergar essas vulnerabilidades, maior será nossa habilidade em saná-las, mais preparados estaremos para os ataques da vida e menos chances daremos aos inimigos. Não é exatamente isso que um general deve fazer com seu território e com seu exército antes de uma batalha? Não é isso que um empresário deve fazer com sua companhia?

Muitas pessoas são inscientes de si mesmas e vivem ao sabor das ondas. O orgulho, enganando mais que as armadilhas dos inimigos, é uma venda constante em nossos olhos, não permitindo examinarmos francamente nossas próprias vulnerabilidades. O orgulho é filho da ignorância.

Relembrando a lição do mestre Sun Tzu: "Tornar-nos forte depende de nós, enquanto os pontos fracos do inimigo dependem dele".

Comparação de Vitória

> "Sê cuidadoso no começo, e não terás dificuldades no fim."
>
> I Ching

O mestre nos ensinou: "Antes da luta, compare-se com seu adversário e veja quem é mais preparado e tem mais deficiência". Assim, conhecendo os pontos fracos e fortes de cada um dos combatentes, é só uma questão de pôr na balança e concluir quem será o vitorioso em caso de batalha. Por essa razão, o mestre Sun Tzu afirmou que a vitória pode ser prevista, mas não pode ser forçada. Isto já nos parece óbvio.

Quem ataca é porque se acha mais forte que o inimigo, enquanto quem toma a posição defensiva se julga mais fraco.

Não há necessidade, portanto, de nenhuma fórmula mágica para prever o sucesso, nem se exige da pessoa que está analisando uma capacidade excepcional, pois tudo é uma questão de números e cálculos de comparação, principalmente hoje em que a tecnologia e o desenvolvimento das ciências nos oferecem muitas informações. Postas sobre os pratos da balança as deficiências e as virtudes de cada competidor, não é difícil saber quem terá bom êxito, a não ser que as condições sejam muito semelhantes.

Para os antigos pensadores, perito era aquele que vencia quando a vitória era plenamente previsível, ou seja, aquele que somente entrava na batalha depois de ter calculado adequadamente as suas chances de vitória.

Parece evidente que um estrategista somente vai agir onde a vitória é certa, pois nunca será inconsequente para jogar cartas, sabendo qual das partes se preparou melhor e está mais apta para vencer. Do contrário, entrar em uma guerra que se sabe perdida e que se sabe despreparado, é suicídio. E por essa razão, um exército vitorioso entra em batalha somente depois de ter garantido a vitória, enquanto os derrotados somente procuram a vitória depois de ter entrado em batalha.

O bom líder faz com que os liderados estejam preparados antecipadamente, ensaiando manobras de guerra em tempo de paz, construindo previamente defesas sem haver inimigo, treinando a partir de esforços aparentemente sem significado naquele momento, mas se aprontando para os tempos difíceis. E quando surge a circunstância complexa, os comandados estão aptos e treinados, não serão pegos de surpresa e jamais entrarão em pânico. Essa lição bastante basilar deve ser também uma estratégia para nossa vida, para a nossa profissão, para a nossa empresa, para uma nação. Em termos pessoais, faz parte fundamental da vitória e do sucesso capacitar-se, antecipadamente, preparar-se de antemão em tempo de paz para esperar os tempos de batalhas.

Sendo assim, é bom reafirmarmos aqui a necessidade de, antes de qualquer coisa, eleger claramente o objetivo a ser conquistado. Uma vez definido o alvo, Sun Tzu nos ajuda a levantar algumas questões fundamentais para um bom planejamento, como forma de prever as chances de vitória:

- Qual o ambiente em que será travada a batalha?
- Quais os recursos humanos e materiais vou precisar?
- Qual plano vou traçar para atingir meu intento?
- Quem está mais preparado para pôr em prática o plano, eu ou os meus oponentes?

A história prática mostra que aquele que estava mais preparado e mais forte é quem ganhou a batalha. Isso é axiomático mas desprezado.

A necessidade de inteligência, planejamento, conhecimento do inimigo, dissimulação, reação, dimensionamento dos recursos, em última instância: calcular, pensar, analisar, prever possíveis surpresas, aparelhar-se antecipadamente para a conquista de seu objetivo é o que irá distinguir o vitorioso do derrotado. Que essa prática racionalista torne-se um hábito natural para alcançar seus propósitos na vida, é a voz das antigas e benfazejas lições.

A independência intelectual, a capacidade de nos libertarmos e agir conforme nossas convicções racionais e baseadas unicamente nas evidências concretas é condição primeira para o êxito. O filósofo Montaigne (1533) afirmou que a verdadeira liberdade é podermos tudo por nós.

Um homem servil que não cultiva a coragem de pensar por si mesmo, que adota objetivos alheios, que se guia pela opinião de qualquer um, que não é capaz de planejar as próprias batalhas e buscar os próprios sonhos, está fadado à mediocridade. Um homem somente é digno da própria vida quando pode construir e governar a si mesmo. Sem governar a própria casa, não podemos pretender governar os outros.

Sun Tzu ensinou que é por isso que quem sabe guerrear atrai o inimigo para o campo de batalha e não se deixa levar por ele.

Quando podemos dispor de nossas forças e decidir com responsabilidade quantas, como e quais batalhas travar, quando insuflarmos nossa coragem para atacar em primeira mão nossas deficiências e ampliar ainda mais nossas forças, aí sim, poderemos nos apresentar como um bom combatente para o enfrentamento do destino.

E lembremos ainda que o mundo contemporâneo não é estático, ele flui e se modifica constantemente e, portanto, a versatilidade, a capacidade de adaptação às novas circunstâncias deve permear o caráter do novo guerreiro. Estar aberto para novas ideias é primordial.

Sun Tzu ensinou que, após conquistar uma vitória não se deve repetir a tática, ou seja, não podemos ser metodicamente previsíveis, repetindo as mesmas práticas. Deve-se, sim, responder às circunstâncias por meio de uma infinita variedade de formas. Não há na guerra, nem na vida, condições constantes. Estar parado é andar para trás, estar andando é estar parado, e estar correndo é estar avançando.

Estarmos abertos a novas realidades, aceitarmos novos juízos, novos treinamentos, buscarmos novas capacidades, estarmos conscientes das mudanças que ocorrem no mundo à nossa volta, sem, contudo, perder o foco, é uma lição já muito antiga.

Versatilidade, flexibilidade, aceitação do novo, mas confiança em si próprio, visão, persistência, coragem e liberdade para tomar novos rumos são características necessárias para o bom resultado. Por conseguinte, deve-se exercitar o hábito de estar atento aos acontecimentos, e quando confrontado com a surpresa usar da imaginação, da criatividade, buscar alternativas.

Nietzche (1844) disse que aquilo que não nos mata, nos fortalece. Pois bem, as calúnias, as provocações, as traições, as intrigas, as disputas, as provas, os desafios são excelentes instrumentos para enrijecer nossos músculos, para nos tornar melhores, para nos tornar maiores. Portanto, vamos agradecer a isto e ser dignos dos inimigos, enfrentando-os com inteligência e profissionalismo.

Espionagem

"Tolo e muito tolo é aquele que, ao revelar um segredo a outra pessoa, pede-lhe encarecidamente que não o conte a ninguém."

Miguel de Cervantes (1547)

É preciso conhecer o próprio inimigo!

Geralmente a espionagem é considerada um tabu, mas espionar nada mais é que o ato pelo qual uma pessoa, geralmente de forma oculta, pesquisa e recolhe informações acerca de outra pessoa, de outra empresa ou de outro país.

Por informação entende-se o conjunto de conhecimentos relativos ao inimigo. É uma busca confidencial por dados a respeito das atividades, do poder, das deficiências, dos projetos, dos planos, das manobras de um concorrente, de um inimigo ou de um oponente que irão embasar nossas ações, nosso planejamento.

Conhecer ao máximo nosso adversário, saber o que ele pensa, investigar seus pontos fortes e seus aspectos vulneráveis, seu poderio tecnológico, seus projetos e táticas é fundamental para planejar, para estabelecer estratégias, enfim, para definir os melhores meios com os quais enfrentaremos o combate. Por isso, o milenar mestre Sun Tzu alertava que esses importantíssimos conhecimentos antecipados não surgem por acaso, de espíritos nem de deuses, nem da analogia com concorrências passadas, nem de adivinhações. Deve ser obtido, na verdade, por meio de homens que conheçam a situação do adversário. Então determinava: "Envie homens para sondar onde a força do inimigo é abundante e onde é deficiente, ou seja, utilize espiões".

É interessantíssimo registrar que no Livro Números, do Antigo Testamento, há o seguinte texto: "Disse o Senhor a Moisés: Envia homens que espiem a terra de Canaã, que eu hei de dar aos vossos filhos de Israel. E Moisés enviando os espiões definiu: Vede a terra, que tal é, e o povo que nela habita; se é forte ou fraco; se poucos ou muitos. E qual é a terra em que habita, se boa ou má; e que tais são as cidades, se em arraiais, se em fortaleza".

Ora, isso é uma expressa ordem de Deus mandando espionar os inimigos! Deus ensinou Moisés a agir como um estrategista!

A história registra centenas de casos de espionagem entre países, entre empresas e entre pessoas. Essa prática é tão antiga como a guerra, porém, discreta e também atualíssima. É uma prática muito comum nos dias de hoje.

O ato de espionar está mais associado à forma de conseguir informações confidenciais de outros países para fins militares, porém, não se engane, leitor, pois há aí fora no mundo, neste exato momento, uma intensa atividade de espionagem em busca de segredos industriais, econômicos, políticos e estratégicos na área privada. Cada vez mais há empresas especializadas na investigação de informações confidenciais nos negócios e finanças, nos variados setores da tecnologia industrial, na política, no ramo profissional, nas relações pessoais, utilizando-se de agentes públicos especializados ou de investigadores particulares.

Fruto de enormes investimentos, cada vez mais a espionagem torna-se um ato comum na nossa era digital, com tecnologias de coleta de dados mais sofisticadas e poderosas. Primeiramente há muitas informações abertas que podem ser obtidas em pesquisas nos meios de comunicação (agências de notícias, jornais, revistas, periódicos e publicações, bolsa de valores, internet, redes sociais, etc.). Somente depois será necessário recorrer à espionagem para coletas de dados protegidos pelo concorrente. Não há lugar onde a espionagem não seja possível.

Porém, devemos manter certo cuidado, pois a maioria das notícias que chegam nos tempos de guerra podem ser Propaganda Negra e, propositadamente, implantada pelo inimigo de forma estratégica. Em tempo de guerra a verdade é uma das primeiras vítimas.

As operações de espionagem são essenciais para o sucesso na guerra; delas depende a competência e eficácia de todas as nossas atitudes. Conhecer o melhor possível o inimigo, contar com o máximo de informações seguras sobre ele é fundamental.

Há várias espécies de agentes secretos. Os espiões podem ser pessoas aliadas a nós ou aqueles que trabalham do lado do inimigo. Além disso, pode-se, por meio do suborno ou da recompensa, fazer com que espiões inimigos passem para o nosso lado; estes são os chamados agentes duplos. É muito comum também que agentes infiltrados no campo inimigo sejam instruídos com informações falsas que serão repassadas ao adversário.

A esse respeito, há 2.500 anos, Sun Tzu já ensinava: "Os agentes nativos são os naturais da própria terra inimiga a nosso serviço. Os agentes internos são oficiais inimigos a nosso serviço. Os agentes dispensáveis são espiões nossos aos quais propositadamente fornecemos informações falsas. Os agentes vivos são aqueles que retornam com informações do campo inimigo".

Ora, é natural que seus cocorrentes também façam espionagem e queiram ter maior número de informações sobre você. Não é demais observar que, por essa razão, todos os países e grandes corporações econômicas contam com os serviços de contraespionagem, também chamados de contrainteligência, os quais são responsáveis por detectar, descobrir e anular atos de espionagem dos adversários, inclusive os agentes infiltrados. Aqui são analisadas todas as falhas internas de segurança de informações com a finalidade de diminuir as possibilidades de subtração e vazamentos de dados sensíveis. Há uma constante guerra por informações, pois quem tem informação tem poder.

Guerra Assimétrica

> "A força não provém da capacidade
> física, mas da vontade férrea."
>
> Gandhi (1869)

Muito bem, e se eu descobrir que não serei forte o suficiente para combater meu inimigo frente a frente e a guerra for inevitável como no caso em que ele vier me atacar?

Diz o ensinamento popular que a melhor maneira de nos desfazermos de um inimigo invencível é torná-lo um amigo. Se não puder vencê-lo, alie-se a ele. Mas nem sempre isso é possível.

Todos nós conhecemos a passagem bíblica em que Davi, um jovem e frágil pastor hebreu, enfrenta o poderoso guerreiro filisteu, o gigante chamado Golias.

E quando o grande guerreiro filisteu, fortemente munido de lança, espada e armadura avança em direção ao frágil Davi, este pega uma pedra em seu bornal e lança-a com a funda, atingindo o filisteu na testa – seu único ponto vulnerável – e o poderoso guerreiro cai vencido. Davi o mata com sua própria espada e sai vitorioso e aclamado.

Assim, de maneira não ortodoxa, Davi usa uma arma de um simples pastor contra a espada e a armadura de um temível guerreiro. Aqui, mais uma vez, ressaltamos a absoluta importância de se conhecer o inimigo e estar consciente de seus pontos fracos, de suas falhas, de suas possíveis vulnerabilidades, de seu calcanhar de Aquiles, conforme lições já vistas por nós.

Da mesma forma que ocorreu com Davi, pode acontecer que seu oponente seja muitas vezes mais forte e equipado que você, sem lhe dar nenhuma condição para um enfrentamento direto. Nessa condição de desequilíbrio, em que você está muito inferiorizado, só resta uma tática: a guerra assimétrica.

A guerra assimétrica, também conhecida como guerra de guerrilha, é empregada por aquele que está em desbalanceamento de condições em relação ao seu oponente. É um recurso do mais fraco. É denominada de assimétrica porque há um enorme desequilíbrio de forças entre os combatentes.

Nesse sentido, a guerra assimétrica é um recurso valioso de violência do mais fraco, embora o outro oponente possa classificá-la de ilegítima e covarde, mormente quando os alvos são civis. Mas como no amor e na guerra vale tudo, essa foi sempre uma opção de sobrevivência do inferior quando não há outra solução.

Esta tática transcende os alvos puramente militares do inimigo, passando a usar como alvo todo e qualquer ponto fraco do oponente, sem que este saiba a hora, o local ou o modo como será produzido o ataque. Isso para compelir o inimigo a fazer a sua vontade. Sun Tzu denominava de tropas especiais aquelas que atuam no tempo e lugar em que seus golpes não são previstos.

Muitas nações lançaram mão da guerra de guerrilha contra o poderoso exército romano, na Antiguidade. Em nossa época, a Guerra do Vietnã foi um exemplo típico de guerra de guerrilha usada por uma nação mais fraca contra outra militarmente poderosa, no caso os Estados Unidos. Apesar de seu enorme poderio militar e econômico, os americanos falharam nos seus objetivos e foram obrigados a ceder e retirar suas tropas.

Na guerra assimétrica, é fundamental atacar e evadir-se para não ser pego, sempre usando o máximo possível de artifícios e armadilhas para enganar o adversário poderoso e poder sobreviver. Thomas Hobbes disse certa vez que as duas virtudes cardinais na guerra são a força e a fraude.

Assim, o objeto da guerra assimétrica não é a utilização dos meios ortodoxos de luta, mas lançando mão de ataques relâmpago, sabotagem, utilizando armadilhas mortais, atacando imprevisivelmente e fugindo; ou seja, o uso de qualquer método, incluindo os normais e os não convencionais, causando forte impacto psicológico e almejando compelir o inimigo a satisfazer os próprios interesses; enfim, buscando a vitória.

O Campo de Batalha

"Conheça seu inimigo e conhecerá a si mesmo; desse modo, sua vitória estará garantida. Conheça o terreno, conheça o tempo, e assim sua vitória será integral."

Sun Tzu

Sun Tzu ensinou que os que ignoram as condições geográficas – montanhas e florestas – desfiladeiros perigosos, pântanos e lamaçais, não podem conduzir a marcha de um exército. Em síntese, a questão aqui é: onde se dará a batalha?

O tipo de terreno, o local, enfim, as características do ambiente onde se dará a competição têm muita influência para decidir quem será o vencedor. O terreno pode jogar a favor ou contra você.

Os exércitos atuais têm treinamentos específicos, fardas, equipamentos, armamentos e táticas adequadas para cada tipo de terreno; por exemplo, para uma guerra no gelo, no deserto, no fundo do mar, nas florestas tropicais, nas montanhas ou para uma guerrilha urbana.

Se você estiver planejando férias numa praia, é claro que, antes de sair de casa, irá se lembrar de levar roupa adequada ao lugar, protetor solar, chinelo e tantas outras coisas adequadas.

Da mesma forma, se você for empreender uma viagem de inverno para o Norte da Europa, irá se preocupar com roupas pesadas para o clima frio, luvas, calçados impermeáveis, *underwear* adequados para aquelas circunstâncias.

Analogamente, se você tiver uma reunião de negócios numa grande empresa, é claro que irá se preparar adequadamente sobre o assunto que será debatido, irá se aparelhar para as possíveis questões que poderão ser levantadas, amadurecendo antecipadamente as possíveis propostas de soluções para o problema em pauta.

Se você for se submeter a um teste ou a uma prova, obviamente buscará se preparar antecipadamente para aquelas circunstâncias.

Na vida, esta lição nos manda entender antecipadamente onde se dará a batalha, e esse terreno pode representar um lugar físico, ou uma área do conhecimento, ou condições de mercado, ou um ambiente social, para citar alguns exemplos. São, portanto, as condições externas ou naturais que poderão influenciar no resultado da batalha.

Inclua nessa ideia um oponente que buscará tirar vantagem das circunstâncias. Dessa forma, necessitamos nos preocupar em analisar adequadamente o campo onde ocorrerá o embate e talvez isso exija bastante estudo e planejamento antecipado. Quais as condições do terreno, como devo me preparar, quais as vantagens e as desvantagens que o ambiente me trará, com o que deverei estar armado?

Sun Tzu insistia que a adequação ao terreno é de grande importância nas batalhas. Por essa razão, estimar a situação do inimigo, calcular as distâncias e o grau de dificuldade que o campo de batalha pode nos apresentar por si só é básico.

É elementar que combater em território próprio, num terreno conhecido, é sempre mais favorável a nós. E melhor ainda se for desfavorável ao adversário.

Esopo (século VI a.C.) contou-nos a seguinte fábula: Um rato que morava na cidade foi convidado por outro que morava no campo, e levando-o à sua cova, comeram ambos coisas do campo, ervas e raízes. Disse o rato da cidade ao outro: "Por certo, compadre, tenho dó de ti e da pobreza em que vives. Vem comigo morar na cidade e verá a riqueza e a fartura que gozas". Aceitou o rústico e vieram ambos a uma casa grande e rica, entraram na despensa e estavam comendo boas comidas quando, de súbito, entra o despenseiro, e dois gatos após ele. Saem os ratos fugindo. O da cidade, conhecedor do terreno, achou logo seu buraco, o do campo trepou pela parede dizendo: "Ficai vós com a vossa fartura; que eu mais quero comer raízes no campo sem sobressaltos, onde não há gato nem ratoeira". E assim diz o adágio: "Mais vale magro no mato, que gordo na boca do gato".

Para a realização de um negócio num determinado campo de atuação, pode-se questionar: os concorrentes do mercado em que pretendo atuar são agressivos, os preços são competitivos e justos, o setor é monopolizado, as previsões econômicas são favoráveis, é um mercado de altos e baixos, o lucro é previsível? São algumas questões básicas, não é?

E na área pessoal? Quando elegemos um ideal na vida, paramos para perguntar quais os obstáculos no caminho que poderemos encontrar naquele terreno e, antecipadamente, nos preparar para vencê-los. Haverá caminhos melhores e piores para se atingir os objetivos. Os mestres da guerra não acreditavam em guerreiros invencíveis ou super-heróis, mas confiavam no planejamento, na capacitação para o enfrentamento dos obstáculos, em evitar os erros. Isso sim garantia a vitória.

Com atenta pesquisa e exame feitos com antecedência, devem ser considerados os fatores favoráveis e desfavoráveis do ambiente em que se dará o jogo. Aquele terreno é conveniente às minhas manobras ou mais propício ao meu adversário? Devo buscar mudar o local de batalha para ser mais favorável a mim?

É um ensinamento bíblico que a ira mata o insensato. Assim, mesmo no campo psicológico, se for possível evitar, nunca trave a batalha num espaço hostil. É preciso escolher antecipadamente onde serão desenvolvidos os embates para que o terreno mental represente uma vantagem para você. Se, por exemplo, o campo sentimental do adversário é frágil, aí pode estar um terreno desfavorável a ele.

Mais ainda, deve-se analisar se a posição que você ocupa é suscetível a uma investida do inimigo, fazendo com que você se posicione em terreno mais seguro e protegido de um ataque surpresa.

E no caso de seu plano falhar, você tem saída para a fuga? As circunstâncias podem fazer com que você fique acuado? Você tem espaço para manobrar? Aquele é o melhor chão para você conquistar vantagens numa empresa, nos negócios, nas relações pessoais? Há espaço para desenvolver-se, crescer? Aquela é realmente uma boa área de atuação? O tempo, o momento econômico ou social é propício?

Quando o inimigo está na pior posição e, portanto, mais vulnerável, é o melhor momento de atacá-lo. Nunca enfrente inutilmente obstáculos quando o adversário estiver mais bem localizado e a conjuntura o deixe invencível. Tenha serenidade para recuar, aguardar o momento certo ou posicionar-se melhor.

O mestre estratego aconselhava que, ao perceber a inevitável disputa, sejam ocupadas posições que facilitem seus movimentos. Certifique-se que sua retaguarda está segura, pois é sempre difícil julgar exatamente a duração de uma pugna.

Quando o inimigo está muito silencioso ou pede interrupção das hostilidades para negociação, pode estar tramando algo e quer ganhar tempo. O silêncio também fala. Por outro lado, se ele se mostrar excessivamente agressivo e com autoridade, pode querer esconder seu despreparo.

Devemos procurar nos colocar no lugar do inimigo e arriscar pensar o que ele está pensando, e por essa razão os sinais que deixa transparecer, ou informações obtidas por meio de espiões, são vitais para nos auxiliar a traçar uma visão geral de sua real situação e intenções.

Caso esteja pronto para a ação, mas ignora se o inimigo é vulnerável ou não, a chance de vitória é apenas a metade.

Estar no território inimigo é sempre perigoso, motivo pelo qual deve ser conhecido ao máximo de antemão, quando não puder ser evitado. Muitas emboscadas podem ter sido armadas pelo inimigo que já conhece e está familiarizado com seu campo de atuação. Assim, procurar atrair o inimigo para seu campo de batalha, para o terreno que nos é mais conhecido e vantajoso, deve fazer parte dos planos.

Como líder, é muito importante fazer com que os comandados de uma organização estejam conscientes quando estiverem trabalhando em terreno hostil, pois assim ficarão mais alerta e unidos.

O Momento de Agir

"Entra em ação somente depois de fazer a devida avaliação."

Sun Tzu

A maior jornada começa com um passo, chega então o momento de agir.

É hora, portanto, de reunir e organizar os dados, analisar as hipóteses de ação e escolher o melhor caminho a adotar. É uma ocasião de tomadas de decisões importantíssimas, cujas escolhas devem evitar ao máximo os transtornos e transformar nossas desvantagens em vantagens. Saber-se pronto e escolher o momento correto de agir é fundamental para o sucesso. E se paciência é a chave da alegria, a precipitação pode ser a receita para o arrependimento.

Agir de forma discreta, não levantando suspeitas do inimigo, atrair o inimigo com iscas e ao mesmo tempo saber safar-se das armadilhas, é prova de competência.

Procure enganar seu inimigo com informações falsas, iluda-o com ganhos fáceis, deslumbre-o com visões inverídicas. Não permita nunca que o adversário descubra seu plano; saiba guardar os seus segredos. Pratique dissimulação e faça manobras enganosas

Contudo, tanto as vantagens como o perigo estão ligados às ações, pois se pode organizar e pôr em ação todas as nossas capacidades e energias, e mesmo assim não alcançarmos nosso objetivo. Cabe aqui uma extrema dose de bom senso e talento, para não conduzir o processo nem de forma apressada, nem de forma lenta demais. Embora em muitas situações devemos temer mais nossos erros que nossos inimigos. Estar sempre atentos em relação aos nossos adversários nos faz descobrir as nossas próprias fragilidades e fraquezas.

Saiba ainda com quem contar na batalha. Sendo realista, nas horas mais críticas e de apuro não é raro os homens se mostrarem ingratos, volúveis e hipócritas, atraiçoando e fugindo do perigo da batalha e sempre ávidos por ganhos pessoais, virando as costas para você e agindo em função de seus próprios interesses, renegando seus sentimentos de amizade. Não confie cegamente.

Na ação, defenda pontos estratégicos, ataque os pontos fracos do inimigo e onde ele menos espera, avalie com frieza a situação a cada passo dado, use da astúcia, pois quem se utiliza de aproximações e desvios do inimigo, ganhará a batalha.

O bom comandante não deixa que o inimigo fique sabendo o local e o momento do ataque. Por isso Sun Tzu ensinou: "Quando avançar para a batalha, seja veloz como o vento e imprevisível como o trovão".

Aqui, a arte de saber esperar o momento certo de agir é um procedimento essencial, bem como saber fazê-lo quando se julgar preparado, apto para afrontar um inimigo. Esperar é saber-se incompleto.

Não ataque um inimigo mais capaz, aguerrido, que está mais bem posicionado que você, deixe sempre uma saída para ele, não caia nos seus engodos, não fustigue um adversário que decidiu abandonar o combate.

A respeito da personalidade do batalhador, Sun Tzu nos faz lembrar que existem cinco pontos vulneráveis no caráter de um líder que podem ser utilizados a nosso favor.

- Se é impetuoso, pode ser morto;
- Se é covarde, pode ser capturado;
- Se é instável, pode perder o controle encolerizado;
- Se tem um sentido muito forte de honra, pode ser caluniado e se ofender;
- Se é de natureza excessivamente sentimental, é fácil de se pertubar.

Analisar a personalidade do líder adversário é poder antecipar suas ações e uma rica fonte de valiosíssimas informações. É um terreno muito interessante para ser utilizado.

Mas poder fazer uma autoanálise, respondendo às mesmas perguntas sobre nossa personalidade, também é muito interessante, não é?

Só para exercitar, vamos aplicar esta lição em nós mesmos: Estou sendo muito impetuoso nesse processo? Estou com medo, estou sendo titubeante ao enfrentar esse conflito? Estou agindo de forma inconstante? Estou levando o caso para o lado da honra pessoal? Estou sendo guiado pelos meus sentimentos, pela paixão e não pela razão?

Agindo assim, a vitória não faltará.

E, só para nos despedir, vale lembrar que o erudito é aquele que sabe muito, mas sábio é aquele que consegue utilizar o que sabe no dia a dia. Como dizia Goethe (1749), não basta saber, é preciso também aplicar.

E, findando, lembremos a frase do político, jornalista, escritor e médico Ernesto Rafael Guevara de la Serna, para nossa reflexão: "Devemos ser duros, mas sem jamais perder a ternura".

Sucesso nas batalhas!

FIM

Leitura Recomendada

A Arte da Guerra
Por uma Estratégia Perfeita

Sun Tzu

A Arte da Guerra é um dos maiores tratados de estratégia de todos os tempos. Um livro útil para o homem de negócios, militar, ou para qualquer pessoa empenhada em vencer na vida. Escrito pelo general chinês Sun Tzu, a partir do resultado de sua experiência em suas campanhas, que foram as mais variadas.

A Arte da Guerra
Espiritualidade para o Conflito

Sun Tzu – Anotações de Thomas Huynh

A Arte da Guerra é um tratado poético e potente sobre estratégia militar ainda em uso nas escolas de guerra de todo o mundo. Mesmo assim, seus princípios transcendem a guerra e têm aplicações práticas em todos os conflitos e crises que encontramos em nossa vida, em nosso local de trabalho, em nossa família e até mesmo dentro de nós.

Breve História do Kung Fu
A Fascinante História do Kung Fu, desde os Monges de Shaolin até Bruce Lee, Lenda, Mito e Realidade das Espetaculares Artes Marciais Chinesas

William Acevedo, Carlos Gutiérrez e Mei Cheung

Compreenda essa fascinante história da realidade, das lendas e dos mitos do kung fu. As tropas heroicas do exército chinês com suas espadas longas, a evolução da arte da guerra, os diferentes estilos praticados no Norte e no Sul, o Wu Shu e o Sanshou. Uma história das artes marciais mais espetaculares, desde os monges de Shaolin até Bruce Lee.

www.madras.com.br

Leitura Recomendada

Dominando a Arte da Guerra
Comentários sobre o clássico de Sun Tzu

Liu Ji e Zhuge Liang — Coordenação de Thomas Cleary

A China, uma das civilizações mais antigas da Terra, já se preocupava com a luta da humanidade pela sobrevivência. Os filósofos chineses estudavam estratégias para enfrentar as constantes mudanças sociais que traziam instabilidade, manifestadas em conflitos de classes, intranqüilidade social e, finalmente, em agressão armada.

Maquiavel — Da Arte da Guerra
Teoria Geral de Estratégia

Nicolau Maquiavel

Da Arte da Guerra expõe as idéias de Nicolau Maquiavel, o mestre da arte política, sobre a organização dos exércitos e a tática militar, temas de seu grande interesse.

O Príncipe
Nicolau Maquiavel

Ao escrever O Príncipe, Maquiavel criou uma espécie de manual de política, que pode ser interpretado de diversas maneiras. O autor viveu durante a Renascença Italiana, época em que reinava grande confusão e nenhum governante se mantinha no poder por mais de dois meses. A tirania imperava em pequenos principados, havia situações de crise e instabilidade permanente. Talvez tudo isso explique boa parte do pensamento maquiavélico.

www.madras.com.br

MADRAS® Editora

CADASTRO/MALA DIRETA

Envie este cadastro preenchido e passará a receber informações dos nossos lançamentos, nas áreas que determinar.

Nome_____
RG_____CPF_____
Endereço Residencial _____
Bairro _____Cidade_____ Estado_____
CEP_____Fone_____
E-mail _____
Sexo ❏ Fem. ❏ Masc.   Nascimento_____
Profissão _____ Escolaridade (Nível/Curso) _____

Você compra livros:
❏ livrarias   ❏ feiras   ❏ telefone   ❏ Sedex livro (reembolso postal mais rápido)
❏ outros:_____

Quais os tipos de literatura que você lê:
❏ Jurídicos   ❏ Pedagogia   ❏ Business   ❏ Romances/espíritas
❏ Esoterismo   ❏ Psicologia   ❏ Saúde   ❏ Espíritas/doutrinas
❏ Bruxaria   ❏ Autoajuda   ❏ Maçonaria   ❏ Outros:

Qual a sua opinião a respeito desta obra?_____
_____

Indique amigos que gostariam de receber MALA DIRETA:
Nome_____
Endereço Residencial _____
Bairro _____Cidade_____ CEP _____

Nome do livro adquirido: <u>Aplicando a Arte da Guerra no Dia a Dia</u>

Para receber catálogos, lista de preços e outras informações, escreva para:

MADRAS EDITORA LTDA.
Rua Paulo Gonçalves, 88 – Santana – 02403-020 – São Paulo/SP
Caixa Postal 12183 – CEP 02013-970 – SP
Tel.: (11) 2281-5555 – Fax.:(11) 2959-3090
www.madras.com.br

Este livro foi composto em Minion Pro, corpo 11,5/13.
Papel Offset 75g
Impressão e Acabamento
Orgráfic Gráfica e Editora — Rua Freguesia de Poiares, 133
— Vila Carmozina — São Paulo/SP
CEP 08290-440 — Tel.: (011) 2522-6368 — orcamento@orgrafic.com.br